Anotações Espíritas

Divaldo Pereira Franco

Anotações Espíritas

Por Espíritos diversos

Organização:
Geraldo Campetti Sobrinho

Copyright © 2012 *by*
FEDERAÇÃO ESPÍRITA BRASILEIRA – FEB

1ª edição – Impressão pequenas tiragens – 1/2025

ISBN 978-85-7328-738-7

Todos os direitos reservados. Nenhuma parte desta publicação pode ser reproduzida, armazenada ou transmitida, total ou parcialmente, por quaisquer métodos ou processos, sem autorização do detentor do *copyright*.

FEDERAÇÃO ESPÍRITA BRASILEIRA – FEB
SGAN 603 – Conjunto F – Avenida L2 Norte
70830-106 – Brasília (DF) – Brasil
www.febeditora.com.br
editorial@febnet.org.br
+55 61 2101 6161

Pedidos de livros à FEB
Comercial
Tel.: (61) 2101 6161 – comercial@febnet.org.br

Adquirindo esta obra, você está colaborando com as ações de assistência e promoção social da FEB e com o Movimento Espírita na divulgação do Evangelho de Jesus à luz do Espiritismo.

Dados Internacionais de Catalogação na Publicação (CIP)
(Federação Espírita Brasileira – Biblioteca de Obras Raras)

F825a   Franco, Divaldo Pereira.
         Anotações espíritas. Ditado por diversos espíritos; [psicografado por]: Divaldo Pereira Franco; organizado por: Geraldo Campetti Sobrinho; [apresentado por]: Joanna de Ângelis – 1. ed. – Impressão pequenas tiragens – Brasília: FEB, 2025.

         114 p.; 21 cm.

         Inclui glossário e índice dos temas de estudo e Referências

         ISBN 978-85-7328-738-7

         1. Espiritismo – Conduta. 2. Espiritismo – Estudo. I. Campetti Sobrinho, Geraldo (Org.), 1966-. II. Federação Espírita Brasileira. III. Título.

CDD 133.93
CDU 133.7
CDE 80.01.00

Conta-se que São Bernardo, certo dia, sentindo-se agitado, diante dos muitos afazeres, quando transitava de um para outro lado, deteve-se e refletiu: Bernardo, para onde estás correndo, se somente um destino é o correto — Jesus?! De imediato, asserenou-se, passando a resolver todas as questões em clima de alegria e de bom humor, sem pressa nem tormento.

JOANNA DE ÂNGELIS

Sumário

Apresentação 9
Prefácio 13
1 – Dois cachorros 15
2 – A caixa de pandora 23
3 – Os três crivos 31
4 – Os dois monges 41
5 – Biscoitos 49
6 – Passagem 57
7 – Por dinheiro nenhum no mundo 67
8 – Pessimista ou otimista? 77
9 – Pensamento e destino 85
10 – Iluminação 93
Glossário dos temas de estudo 103
Índice dos temas de estudo 107
Referências 109

Apresentação

Diariamente o ser humano enfrenta desafios e complexidades existenciais, que lhe exigem discernimento e serenidade, a fim de os atender com o equilíbrio que lhe proporcione paz.

A aquisição da paz interior, no entanto, em face do turbilhão que domina todos os segmentos da sociedade, parece difícil de ser alcançada.

Os apelos ao prazer e as lutas afligentes de todo porte aturdem-no, atirando-o, ora ao desespero, noutros momentos à depressão, quando não a outros transtornos de comportamento.

A jornada evolutiva nos dias atuais na Terra apresenta-se assinalada pelos anseios, às vezes, tormentosos, do sentimento e pelas imposições imprescindíveis do conhecimento, de modo que seja possível avançar com segurança e equilíbrio.

Filosofias imediatistas e utilitaristas atraem os menos cautelosos que se deixam fascinar pelos seus conteúdos sem compromisso com o bem nem com a verdade, estabelecendo que é necessário viver o agora e desfrutar ao máximo as concessões que lhe são oferecidas.

Logo após, no entanto, a realidade que acompanha todas e quaisquer utopias apresenta-se rigorosa e o indivíduo despreparado para a sua vivência foge para a toxicomania, para a luxúria, para a glutoneria, como se a função básica da vida fosse de natureza exclusivamente sensorial.

Sem estrutura emocional e sem a necessária educação espiritual para os enfrentamentos inevitáveis que defluem do processo existencial, ei-lo alarmado, recorrendo à violência ou indiferente, deixando-se arrastar sem resistência para os tenebrosos fossos da melancolia que o arroja ao suicídio direta ou indiretamente...

Faz-se necessária e urgente uma reação imediata, e esta encontra apoio na Psicologia de Jesus, quando a todos conclama às sublimes experiências do amor a Deus, ao próximo e a si mesmo.

Mediante o conhecimento a respeito dos objetivos existenciais, e somente por meio desse recurso, ocorre o despertamento da consciência e surgem as excelentes possibilidades de conquista da harmonia interior que conduz à plenitude.

*

Este pequeno livro que agora se encontra nas mãos do caro leitor, organizado pela dedicação do nosso amigo e irmão Geraldo Campetti, apresenta alguns tópicos para reflexão, breves narrativas que ensejam alegria de viver e dão responsabilidade existencial.

Selecionados os textos com cuidado, para a natural integração no conjunto, é um oportuno contributo para a vivência e a divulgação do pensamento espírita, conforme exarado na Codificação Kardequiana, que permanece como seguro roteiro iluminativo para todas as consciências.

Trata-se de valiosa oferta para que a alegria de viver e de lutar permaneça inalterável em todos aqueles que se esforçam pela conquista da felicidade, quer experimentando júbilo nas horas difíceis, que são inevitáveis, assim como nos momentos de realização e colheita de bênçãos.

Confiamos que a sua leitura e a consequente reflexão das páginas que o constituem, possam contribuir de maneira eficiente para aqueles que se dedicam à exposição doutrinária, ao estudo e à divulgação do Espiritismo por meio de todos os recursos que se encontram ao alcance.

Suplicando ao Mestre de Nazaré que nos abençoe no esforço da autoconquista, sou a servidora de sempre.

JOANNA DE ÂNGELIS[1]

---

[1] Página psicografada por Divaldo Pereira Franco, em 5 de abril de 2009, na cidade de Salvador (BA).

Prefácio

Este singelo opúsculo *Anotações espíritas*, que o prezado leitor folheia nesse momento, trata-se de breve seleção de textos evangélicos e doutrinários, preparados com o intuito de oferecer subsídios a oradores, evangelizadores, monitores de estudo, autores e demais trabalhadores da seara de Jesus para a divulgação do Espiritismo.

A estrutura da obra foi planejada em dez capítulos, cada um deles dividido em cinco partes interligadas.

Inicialmente, destaca-se pequena história ou sucintos pensamentos compilados de fontes diversas e da rede mundial, contendo ensino moral e educativo, acompanhado de uma frase para reflexão, esta destacada dos textos coligidos.

Em seguida, apresenta-se o tema de estudo, no qual se classificam os assuntos principais do capítulo.

Logo após, arrolam-se as fontes de pesquisa que relacionam cinco livros dos quais foram extraídos trechos para análise. O primeiro relacionado é sempre *O livro dos espíritos* ou *O evangelho segundo o espiritismo*, ambos publicados pela Federação Espírita Brasileira (FEB). As demais fontes são obras editadas pela Livraria Espírita Alvorada Editora (Leal).

A quarta parte compila os textos para reflexão, todos extraídos *ipsis litteris* das fontes indicadas e que servem como indicativo inicial para o estudo sobre os temas classificados.

Na última parte de cada capítulo foram inseridas rápidas e singelas anotações alinhavadas pelo organizador.

Ao final da publicação encontram-se o glossário e índice dos temas de estudo. As definições do glossário foram extraídas em sua maior parte da obra *Elucidações psicológicas à luz do espiritismo*, editada pela Leal, e as palavras-chave do índice foram identificadas em livros psicografados por Divaldo Franco, publicados pela FEB, e reproduzidos da publicação febiana *Guia de fontes espíritas*.

Todas as referências das quais foram selecionados textos para reflexão estão indicadas na última seção deste opúsculo.

Esperamos que estas *Anotações espíritas* possam atingir o objetivo de oferecer modesta contribuição aos que buscam disseminar o precioso conteúdo espiritista, em suas vertentes de esclarecimento e consolação.

Brasília (DF), 31 de março de 2009.

GERALDO CAMPETTI SOBRINHO

1
Dois cachorros

Um índio norte-americano, já ancião, certa vez descreveu seus conflitos internos da seguinte maneira:

— Dentro de mim há dois cachorros. Um deles é cruel e mal. O outro é muito bom. Os dois estão sempre brigando.

Quando lhe perguntaram qual cachorro ganhava a briga, o ancião parou, refletiu e respondeu:

— Aquele que eu alimento mais frequentemente...

O bem e o mal caminham lado a lado, cabendo a cada um de nós a eleição daquele que nos é o melhor.

Tema de estudo

BEM e MAL

Fontes de pesquisa

O livro dos espíritos
Entre os dois mundos
O ser consciente
Jesus e o evangelho
Atualidade do pensamento espírita

Textos para reflexão

1.1 Além do Espírito protetor, haverá também um Espírito mau ligado a cada indivíduo com o objetivo de impeli-lo ao erro e de lhe proporcionar ocasiões de lutar entre o bem e o mal?

Ligado, não é bem o termo. É verdade que os Espíritos maus procuram desviar o homem do bom caminho, quando encontram ocasião para isso. Quando, porém, um deles se liga a um indivíduo, age por si mesmo, porque espera ser ouvido. Então haverá luta entre o bom e o mau, vencendo aquele por quem o homem se deixe influenciar (*O livro dos espíritos*, q. 511).

1.2 A nossa existência no mundo físico é o que dela fazemos. O bem e o mal caminham lado a lado, cabendo a cada um de nós a eleição daquele que nos é o melhor. De acordo com a opção, viveremos ao compasso das suas consequências, não podendo transferir responsabilidade futura para ninguém. [...]

Nunca as maquinações das forças do mal lograrão êxito nas suas façanhas. A sua aparente vitória é sempre transitória, objetivando auxiliar aquele que lhe padece a injunção a despertar para os empreendimentos enriquecedores, a descobrir as ilusões a que se aferra, a auferir os benefícios da conduta elevada a que se deve entregar com devotamento...

Desse modo, todo aquele que se afadiga do bem, na execução das atividades fomentadoras do progresso e do desenvolvimento da vida, sempre encontra apoio no mundo das causas, mesmo que lhe desconheça a realidade. O importante são os sentimentos geradores das intenções, facultando o entendimento dos métodos que devem ser aplicados na execução dos seus programas (*Entre os dois mundos*, p. 180 e 181).

1.3 O bem e o mal estão inscritos na consciência humana, em a natureza, na sua harmoniosa organização que deu origem à vida e a fomenta.

Tudo quanto contribui para a paz íntima da criatura humana, seu desenvolvimento intelecto-moral, é-lhe o bem que deve cultivar e desenvolver, irradiando-o como bênção que provém de Deus.

... E esse mal, aliás transitório, temporal, que o propele às ações ignóbeis, aos sofrimentos, é remanescente atávico do seu processo de evolução, que será ultrapassado à medida que amadureça psicologicamente e se lhe desenvolva os padrões de sensibilidade e consciência para adquirir a integração no cosmo, liberado das injunções dolorosas, inferiores (*O ser consciente*, p. 92).

1.4 O bem e o mal — essa dualidade *luz* e *sombra* — em que se debate o Espírito humano, representam o futuro e o passado de cada ser humano no trânsito evolutivo. O primeiro, à luz da psicologia profunda, é o autoencontro, a liberação do *lado escuro* plenificado pelo conhecimento da verdade, enquanto o outro são as fixações do trânsito pelos instintos primários, que ainda vicejam nos sentimentos e na conduta, aguardando superação (*Jesus e o evangelho*, p. 37).

1.5 Os seres humanos encontram-se em diferentes níveis de consciência, em patamares diversos de pensamento, em variados estágios de evolução moral e espiritual. Como consequência, somente a educação e a perseverança podem promovê-los mediante processos de reiteradas experiências, ora educativas, ora reeducativas. Os atuais fatores sociais e econômicos facilitam o desabrochar das tendências inferiores que neles vicejam, levando-os aos desequilíbrios referidos [violência, corrupção, criminalidade e prostituição, além da desigualdade social], excetuando-se os Espíritos mais resistentes aos apelos primitivos. Na grande generalidade, sem um conceito vivencial do bem e do mal, do nobre e do equivocado, do certo e do errado, facilmente esses indivíduos enveredam pelos meandros dos vícios e do crime, esperando inconscientemente contar com a compreensão, ajuda e correção da sociedade mais esclarecida e digna (*Atualidade do pensamento espírita*, q. 13, p. 33).

Anotações

Na condição de Espíritos em evolução, é comum nos debatermos com tendências negativas que ainda se manifestam em nossa intimidade.

O conhecimento da preciosa informação espírita já nos desperta para a necessidade da aquisição dos reais valores que irão compor nosso patrimônio espiritual. Tais recursos são, conforme registrado em *O evangelho segundo o espiritismo*, as virtudes, a inteligência, a moralidade que levaremos conosco, desta para a outra vida, como verdadeira propriedade.

Até que superemos nossas inferioridades, enfrentaremos os desafios de educar a inteligência e os sentimentos, que demonstram a tendência negativa e o temporário domínio de instintos inferiores a se exteriorizarem de nossa natureza animal.

André Luiz nos ensina que vivemos no presente, com os olhos no futuro, mas ainda temporariamente presos às amarras do passado. Isso porque já vislumbramos um futuro melhor e de felicidade. Porém, na condição de prisioneiros ao pretérito de erros e de infelicidades, temos à frente grande luta para vencer o maior de todos os inimigos: nós mesmos.

Nesse contexto, a batalha entre o bem e o mal faz-se inevitável. O bem é tudo o que nos aproxima de Deus. E quando seguimos as suas leis, no cumprimento dos desígnios divinos, estamos a caminho da realização interior e de amplas conquistas espirituais.

Por outro lado, o mal é tudo o que nos distancia de Deus. Quando não cumprimos as suas leis, afastamo-nos do que é certo, causamos prejuízos a nós mesmos e também poderemos prejudicar os outros com quem mantemos algum tipo de relação.

O evangelho de Jesus é um tratado de ensinos que nos convidam a refletir e a agir com firmeza, serenidade e constância no bem. É um exercício que precisamos fazer até adquirirmos o hábito de praticar a caridade no cotidiano de nossa existência. Uma vez adquirido o hábito do bem, não há mais que "fazer força" para a realização das boas práticas, pois naturalmente teremos permitido a manifestação de Deus, da intimidade de nossos corações para o comportamento diário.

2
A caixa de pandora

Pandora era uma princesa da Grécia antiga que recebeu de deuses ciumentos de sua beleza um presente, uma caixa misteriosa. Disseram-lhe que jamais a abrisse. Mas um dia, vencida pela curiosidade e tentação, ela ergueu a tampa para dar uma espiada, liberando no mundo os grandes males: a doença, a inquietação e a loucura. Um deus compadecido permitiu-lhe, porém, fechar a caixa a tempo de prender o único antídoto que torna suportável a infelicidade da vida: a esperança.

A esperança é a mensageira poderosa da vida, auxiliando o caminhante cansado no rumo que parece não ter fim.

Tema de estudo

ESPERANÇA

Fontes de pesquisa

O evangelho segundo o espiritismo
Reflexões espíritas
...Até o fim dos tempos
Diretrizes para o êxito
Momentos de saúde

Textos para reflexão

2.1 O homem pode amenizar ou aumentar o amargor de suas provas, conforme a maneira pela qual encare a vida terrena. Tanto mais sofre, quanto mais longa ele considera a duração do sofrimento. Ora, aquele que se coloca do ponto de vista da vida espiritual, abarca a vida corpórea num piscar de olhos. Ele a vê como um ponto no infinito, compreende a sua brevidade e reconhece que esse momento penoso passará bem depressa. A certeza de um futuro próximo mais feliz sustenta e encoraja e, em vez de se queixar, agradece ao céu as dores que o fazem avançar. Para aquele, ao contrário, que apenas vê a vida corpórea, esta lhe parece interminável e a dor o oprime com todo o seu peso. O resultado daquela maneira de encarar a vida nos leva a dar menos importância às coisas deste mundo, compelindo o homem a moderar seus desejos e a contentar-se com a sua posição, sem invejar a dos outros, atenuando a impressão moral dos reveses e das decepções que experimenta. Daí ele haure uma calma e uma resignação tão úteis à saúde do corpo quanto à da alma, ao passo que, com a inveja, o ciúme e a ambição, se entrega voluntariamente à tortura e aumenta as misérias e as angústias de sua curta existência (*O evangelho segundo o espiritismo*, cap. V, it. 13).

2.2 Há, certamente, muito ainda por fazer.

A nuvem do crime e da violência, o vapor dos tóxicos e o *vírus* do sexo em desequilíbrio, a ronda da miséria socioeconômica, permanecem em crescimento nos inúmeros departamentos humanos. Todavia, medidas profiláticas estão sendo tomadas, e terapêuticas valiosas se apresentam, buscando debelar estes flagelos destruidores.

Há predominância do bem no mundo hodierno. Os protestos que se verificam em toda parte, contra os abusos e a delinquência, caracterizam o processo de crescimento da sociedade e a sua ânsia de harmonia.

Milhões de pessoas estão voltadas para a saúde, a educação, o bem, o progresso tecnológico e moral, preparando com sacrifício os novos tempos.

Vidas que se estiolam na miséria, no olvido, estão sendo resgatadas pelas mãos do amor, que se alia à técnica para o *milagre* da redenção humana.

Viceja a esperança, prenunciando o fim destas horas ainda difíceis, vestígios perniciosos da noite que parte em retirada... (*Reflexões espíritas*, p. 138).

2.3 Clamando no deserto, ele [João Batista] viera anunciar o Construtor do mundo novo, e lograra chamar a atenção das massas, que acorriam a escutá-lo, a fim de que estivessem vigilantes.

Seria naqueles dias, e a hora se fazia próxima.

Desse modo, o seu encarceramento, parecendo encerrar-lhe o ministério público, era o sinal da mudança dos tempos.

Nesse momento, apareceu Jesus, na Galileia, anunciando o novo panorama. Sua voz clara e doce, com matizes de sabedoria e força, começou a informar: — Completou-se

Anotações espíritas

o tempo e o Reino de Deus está perto: arrependei-vos e acreditai na Boa Nova [MARCOS, 1:14 e 15].

Os ouvidos e os corações que aguardavam, escutaram-no e logo a multidão se reuniu para escutá-lo.

O Verbo inflamava-se ao expor as bases da mensagem e os objetivos transformadores de que se fazia portadora.

Não se tratava de mais um recurso salvacionista de ocasião, mas, de todo um portentoso trabalho de iluminação de consciência com a natural transformação moral, que lhe era subsequente para renovação e felicidade da criatura e do mundo (...*Até o fim dos tempos*, p. 132 e 133).

2.4 Quando o indivíduo se encontra na encruzilhada de decisões importantes, é a esperança que o emula à seleção do caminho a seguir; quando os céus se apresentam borrascosos e ameaçadores, é a esperança que anuncia a claridade vitoriosa que logo mais chegará; quando as dificuldades aturdem e as perspectivas de êxito fazem-se mais remotas ou impossíveis, é a esperança que propõe novos tentames, a fim de que tudo se modifique; quando a morte domina, arrebatando os seres queridos da convivência física e deixando uma lacuna quase impreenchível, é a esperança do reencontro que alenta no prosseguimento da marcha...

A esperança é a mensageira poderosa da vida, auxiliando o caminhante cansado no rumo que parece não ter fim.

Todo aquele que a cultiva e nela confia, vence os empecilhos e avança, não se detendo na retaguarda, por mais difíceis se apresentem as estradas a percorrer.

Enquanto vige no sentimento e brilha na mente é possível superar os obstáculos e vivenciar alegrias.

Ninguém consegue atingir as alturas da montanha, enquanto se encontra no sopé, se não for guiado pela esperança que o emula a seguir sempre. Não lhe importam os passos grandiosos, que, muitas vezes, cessam ante os impedimentos volumosos e a falta de espaço para serem realizados. Todavia, a caminhada lenta e segura, retirando os percalços da via e prosseguindo sem receio, permite atingir o cume que fascina adiante, muito acima.

A esperança é fundamental em qualquer cometimento, porque fortalece o entusiasmo e mantém-se-lhe ao lado, mesmo quando as impressões negativas começam a instalar-se.

É a mensageira da alegria e a companheira da coragem, que se tornam indispensáveis para as realizações de enobrecimento humano.

Aquele que sebe esperar consegue realizar o programa a que se afeiçoa, desde que não cesse de tentar nem de confiar no seu triunfo (*Diretrizes para o êxito*, p. 147 e 148).

2.5 Há sempre Sol brilhando além das nuvens sombrias, e quando ele é colocado no mundo íntimo, nenhuma ameaça de trevas consegue apagar-lhe, ou sequer diminuir-lhe a intensidade da luz. Segue-lhe a claridade e vence o teu dia de insucessos, confiante e tranquilo (*Momentos de saúde*, p. 88).

Anotações

Diz o ditado popular que a esperança é a última que morre. Mas poucos de nós recordamos que ela é também a primeira que sempre renasce...

No fundo, a esperança nunca morre, ou, pelo menos, jamais deveria morrer. Para o espírita, a crença na vida futura e na imortalidade da alma facilitam o entendimento sobre as dificuldades cotidianamente enfrentadas pelo Espírito em seu processo evolutivo, por meio das vidas sucessivas.

O princípio fundamental da reencarnação permite ao homem entender que a existência física não é única. Ao longo de sua trajetória evolutiva, o Espírito é submetido a inúmeras existências corporais, tantas quantas forem necessárias ao seu completo desprendimento da materialidade, até que alcance o estado de puro Espírito, a que todos estamos destinados.

Submetida à lei de causa e efeito que rege o seu destino, a criatura humana compreende, ao longo das experiências reencarnatórias, que é responsável pelos seus atos e que, por meio da lei de liberdade, é livre na hora da semeadura, mas "escrava" no momento da colheita.

Aos poucos compreende que as dores e sofrimentos são decorrentes de suas próprias ações, presentes ou passadas, constituindo-se em valiosas oportunidades de aprendizado, seja pela prova redentora ou pela expiação libertadora.

Não obstante reconhecer-se limitada e imperfeita, já vislumbra, em visão prospectiva, que o porvir pode ser melhor, a depender de suas próprias escolhas, da capacidade de superação de seus limites e do entendimento de que, acima de tudo, reina na Natureza a imponente lei de evolução. E esta, mais cedo ou mais tarde, a todos arrebata, despertando o ser humano para a necessidade da prática de ações eficazes que o conduzirão ao seu inevitável destino futuro de paz e felicidade.

3
Os três crivos

Certa vez o conhecido filósofo Sócrates foi procurado por um jovem discípulo que lhe desejava falar. Chegou apressado, ansioso e dirigiu-se ofegante ao sábio:

— Mestre, tenho algo muito importante a lhe dizer.

E, antes que continuasse a falar, Sócrates olhou-o serenamente e perguntou-lhe:

— O que você tem a me contar é verdadeiro?

O jovem, que ainda não se habituara à reflexão, pensou um pouco, e respondeu:

— Mestre, eu não sei se é verdade, mas me disseram...

O sábio não o deixou concluir e indagou-lhe:

— O que você tem a me dizer é bom?

O jovem retrucou:

— Ah! Mestre, com certeza, não é.

O experiente filósofo, olhando-o mais profundamente, como que a investigar-lhe a essência das intenções, questionou-lhe:

— O que você tem a me falar é útil?

E o jovem, um pouco aturdido com tantos questionamentos, diz:

— Não sei, Mestre, se o que tenho a lhe falar será útil para alguém.

— Então — concluiu Sócrates — não me diga nada.

O jovem deu meia-volta e afastou-se pensativo...

Há uma língua que não permite distorção de conceito nem de significado — a do amor.

Tema de estudo

EMPREGO DA PALAVRA

Fontes de pesquisa

O evangelho segundo o espiritismo
Diretrizes para o êxito
Momentos de coragem
Intercâmbio mediúnico
Sementeira da fraternidade

Textos para reflexão

3.1 A figueira que secou é o símbolo das pessoas que apenas aparentam propensão para o bem, mas que, em realidade, nada produzem de bom; dos oradores, que têm mais brilho do que solidez; suas palavras trazem o verniz superficial, de modo que agradam aos ouvidos, sem, no entanto, revelarem, quando perscrutadas, algo de substancial para os corações. Depois de proferidas, é de perguntar-se que proveito tiraram delas os que as escutaram.

Simboliza também todos aqueles que, tendo meios de ser úteis, não o são; todas as utopias, todos os sistemas vazios, todas as doutrinas sem base sólida. O que falta na maioria das vezes é a verdadeira fé, a fé produtiva, a fé que abala as fibras do coração, numa palavra, a fé que transporta montanhas. São árvores cobertas de folhas, mas carentes de frutos. É por isso que Jesus as condena à esterilidade, porque dia virá em que se acharão secas até a raiz. Significa dizer que todos os sistemas, todas as doutrinas que não houverem produzido nenhum bem para a Humanidade, cairão reduzidas a nada; que todos os homens deliberadamente inúteis, por não terem posto em ação os recursos que traziam consigo, serão tratados como a figueira que secou (*O evangelho segundo o espiritismo*, cap. XIX, it. 9).

3.2 — E quando fordes falar, o Espírito Santo falará por vós — Ele [Jesus] houvera anunciado.

O idioma não constitui impedimento à divulgação da mensagem de Jesus.

Há, porém, uma linguagem que se torna indispensável para a sua comunicação e que não vem sendo considerada por muitos daqueles que se candidatam ao ministério. É a do amor fraternal.

A palavra, porque nem sempre elucidativa, tem sido mais motivo de desinteligência, de irritação, de conflito, do que mesmo de comunicação saudável.

A mesma expressão usada com tonalidade variada de voz produz alegria e contrariedade, esperança e desencanto, confiança e suspeita... Isto porque, os indivíduos, armados uns contra os outros, mesmo quando se estimulando, perderam o equilíbrio da sadia verbalização.

Interrompem a frase, suspeitosos; interpretam os períodos conforme pensam e não consoante convém, e as comunicações tornam-se perturbadoras, combativas.

Há uma língua que não permite distorção de conceito nem de significado — a do amor.

Desarmando-se para amar, o indivíduo capta a onda mental, tornando-se quase dispensável o verbo.

Se estás cansado e te sentes desamado, encontras-te armado.

Desenovela-te da suspeita e abre os *ouvidos do coração* ao idioma do bem e experimentarás inefáveis alegrias.

Treina a comunhão deste outro tipo de *pentecostes*, aprendendo a comunicar-te com todas as formas da vida:

minerais, vegetais, animais, a fim de conseguires o saudável diálogo com os seres humanos, muito mais complexos e desafiadores. Eles expressam-se em diferentes idiomas, no entanto, se os amares, mesmo que não lhes fales as línguas, sentirão a emissão da tua simpatia e do teu afeto, embora nada enuncies ou o que digas não lhes seja inteligível.

Refugiando-te um pouco no silêncio emocional, a fim de ficares receptivo às forças do bem, viverás em constante *pentecostes* com todas as formas de vida que encontres pelo caminho (*Diretrizes para o êxito*, p. 165 e 166).

3.3 O silêncio faz grande falta na civilização contemporânea.

Fala-se em demasia, e, por conseguinte, fala-se do que se não deve, se não sabe, não convém, apenas pelo hábito de falar.

Na falta de um assunto edificante, ou com indiferença para com ele, utilizam-se de temas negativos, prejudiciais ou sórdidos, envilecendo a própria alma, enxovalhando o próximo e consumindo-se energias valiosas.

Há uma preocupação muito excessiva em falar, opinar, mesmo quando se desconhece a questão.

Parece de bom-tom a postura de referir-se a tudo, de tudo estar a par.

Aumenta, assim, a maledicência, confundem-se as opiniões, entorpecem-se os conteúdos morais das palavras.

Se cada pessoa falasse apenas o necessário e no momento oportuno, haveria um salutar silêncio na Terra (*Momentos de coragem*, p. 50 e 51).

3.4 Dialogar com estes companheiros que pedem espaço, por meio da mediunidade [Espíritos comunicantes], em propostas iluminativas, é a arte de compreender, psicologicamente, a dor dos enfermos que ignoram a doença em que se debatem.

Nem mediante discursos de eloquência formal, nem por pieguismo inoperante, mas, usando-se a palavra oportuna e concisa semelhante a um bisturi que opere com rapidez, preparando o campo para terapia de longo prazo.

Não tenhamos assim a pretensão de erradicar, num breve espaço de tempo, os fenômenos que se demoram enraizados na personalidade delinquente dos comunicantes em sofrimento.

Baste-nos o ensejo de apontar-lhes o rumo, despertando-os para uma visão mais alta e otimista da vida, por meio de cujos recursos os que, em verdade, estejam interessados no próprio progresso, tomarão a diretriz e marcharão futuro afora (*Intercâmbio mediúnico*, p. 105 e 106).

3.5 O pregador espírita é o embaixador de Jesus em visita de amizade, tomando contato com a comunidade fraterna e resolvendo as dificuldades locais à luz do Evangelho.

O pregador espírita é o inspetor das relações públicas em viagem do Departamento da Publicidade, esclarecendo e anotando deficiências na propaganda do Evangelho Renovador.

O pregador espírita é o portador de valiosos tesouros do Evangelho, em contínua viagem de apresentação dos celeiros de bênçãos, ao alcance de todos.

O pregador espírita é um agente da Doutrina em permanente mostra das suas excelências.

O pregador espírita respeitável é aquele que se apresenta ao mundo moderno, exibindo conduta honrada que lhe valha de credencial insuperável.

O pregador espírita mantém mais o espírito no homem de que o homem no espírito.

O pregador espírita, lançando as sementes de vida no solo por onde jornadeia, carrega Jesus no próprio exemplo, como um sinete de luz em suas palavras.

Pregação — tesouro.

Espiritismo — vida.

Examine o pregador espírita a própria vida com severidade, porquanto, da maneira como se utilizar da oportunidade na pregação, por ela responderá (*Sementeira da fraternidade*, p. 150).

Anotações

Se aplicássemos em nossas vidas a regra dos três crivos — ou das três peneiras, como também é conhecida —, sentiríamos efeitos benéficos imediatos.

Imaginemos se a aludida recomendação se estendesse para os nossos pensamentos, palavras e ações!

Ao nos submetermos aos testes da verdade, bondade e utilidade, certamente teríamos pensamentos mais equilibrados, palavras mais otimistas e comportamentos mais assertivos, tornando-nos autênticas *cartas vivas* do Evangelho de Jesus na Terra, conforme expressão do apóstolo Paulo.

É bem provável que falaríamos menos, sabendo o momento exato de expressar e de calar diante das situações. E utilizaríamos com sabedoria os recursos dos sentidos corporais concedidos por Deus a seus filhos, de que temos dois ouvidos e uma boca, exatamente para aprendermos mais a escutar e menos a falar.

Essa regra da assertividade estende-se aos pensamentos que devem ser emitidos com qualidade, em obediência à diretriz evangélica da oração e vigilância para não cairmos em tentação.

A oração é o meio de contato com o Criador, é o instrumento diário de uma conversa íntima com Deus, é o recurso de que dispomos para nos associarmos com os seres de boa vontade, mais experientes e evoluídos, que nos auxiliam na jornada terrena.

A vigilância é o mecanismo de constante atenção quanto ao comportamento cotidiano. É preciso que cuidemos de nossos conteúdos íntimos traduzidos em pensamentos, sentimentos e ações.

A tentação é uma situação de risco a que estamos submetidos, por ainda não termos adquirido ou fortalecido determinados valores indispensáveis à ascensão espiritual. Seremos, então, tentados em nossas concupiscências, ou seja, em nossas tendências negativas.

Por isso, com inteligência, Allan Kardec registrou em *O evangelho segundo o espiritismo*, que o verdadeiro espírita é reconhecido pela sua transformação moral, pelos esforços que emprega em domar as suas más inclinações.

É um embate diário a que nós, Espíritos em mediana evolução, estamos sujeitos, em decorrência das próprias necessidades de fortalecimento no bem e consequente evolução espiritual, que nos alçarão aos estágios superiores da vida imortal.

4
Os dois monges

Dois monges em peregrinação chegaram à margem de um rio, quando avistaram uma garota que precisava atravessá-lo. Mas porque a correnteza estava muito forte, ela ficou com medo. Um dos monges vendo a jovem naquela situação, pegou-a nos braços e atravessou o rio, colocando-a em solo seco do outro lado.

Os dois monges continuaram a peregrinação. Porém, o outro monge, depois de duas horas, ficou a reclamar:

— Como você pode ter tocado em uma mulher sabendo que é contra os mandamentos ter contato íntimo com ela?... Como pode ir contra as leis da nossa ordem? Você pecou fortemente!...

O monge que carregara a jovem prosseguia em silêncio. E, finalmente, observou:

— Eu a deixei no rio há duas horas. Por que você ainda a está carregando?

*O pensamento é fonte de vida e responde conforme
a vibração mental que lhe é dirigida.*

Tema de estudo

ATITUDE E COMPORTAMENTO

Fontes de pesquisa
O livro dos espíritos
No limiar do infinito
Reflexões espíritas
Nascente de bênçãos
Entre os dois mundos

Textos para reflexão

4.1 O homem sempre poderia vencer suas más tendências mediante seus próprios esforços?

Sim, e às vezes com pouco esforço. O que lhe falta é a vontade. Ah! como são poucos os que se esforçam entre vós! (*O livro dos espíritos*, q. 909).

4.2 A cada momento o Espírito está fazendo, modificando, renovando o seu destino. Os pensamentos e os atos são-lhe os agentes importantes, responsáveis pelas alterações que lhe cumpre viver no suceder dos dias. Isto, porque, a cada ação corresponde uma reação equivalente.

Não obstante a destinação feliz que a todos está reservada pelas divinas Leis, o avançar, estacionar pelo caminho ou atrasar o momento de fruir, de beneficiar-se com a felicidade depende do ser, da sua decisão.

Reservado à glória espiritual — determinismo irreversível — o ser jornadeia pela senda que melhor lhe apraz desde quando adquiriu o discernimento — livre-arbítrio. [...]

Os pensamentos, portanto, os atos, são os agentes responsáveis pelos sucessos e desditas que pesam na consciência de cada criatura. [...]

Embora a destinação de glórias imprevisíveis que estão reservadas a todos, a decisão de fruí-las hoje ou mais tarde dependerá de cada ser nunca esquecendo que *o Reino dos céus é tomado de assalto*, pertencendo àqueles que se resolvem romper com a indecisão, a incerteza e o comodismo, os quais avançam com intimorato amor, numa livre opção para colimar o determinismo das divinas Leis (*No limiar do infinito*, p. 39, 45 e 46).

4.3 O primeiro e mais imediato efeito da adoção das diretrizes da Doutrina Espírita é a transformação moral do homem, que serve de base para a sua constante renovação interior, comandando-lhe as atitudes e comportamentos.

Com muita justeza, Allan Kardec situa, na transformação do homem, o efeito positivo do Espiritismo, porque, elucidando a gênese dos problemas que afetam o indivíduo, simultaneamente oferece os recursos para equacionar as dificuldades de qualquer natureza, que produzam aflição e desequilíbrio.

Doutrina de responsabilidade pessoal, conscientiza a criatura dos deveres para com a vida e dos resultados que defluem dos seus próprios atos, sendo, ele próprio, o semeador e o colhedor da gleba que lhe diz respeito (*Reflexões espíritas*, p. 175).

4.4 No mundo mental, proliferam os sentimentos e anseios de cada criatura. Conforme o estágio no qual se encontra, elabora pensamentos compatíveis com o que considera suas necessidades mais imediatas, derrapando, quando são formados de vulgaridade e sensualismo, erotismo e crime, para auto-obsessões de consequências imprevisíveis.

Concomitantemente, em razão da qualidade de onda em que se espraiam esses pensamentos, atraem Espíritos infelizes do mesmo teor, que passam a processos ainda mais severos de obsessões degenerativas, que culminam em subjugações perversas.

Os desencarnados, que passam a alimentar-se das formas-pensamento, instalam-se nas matrizes mentais e lentamente passam a comandar o fluxo das ideias que o enfermo se vê obrigado a atender.

O pensamento é fonte de vida e responde conforme a vibração mental que lhe é dirigida.

Indispensável pensar corretamente, a fim de construir situações agradáveis e compensadoras, que se transformam em campos de alegria de viver.

Desse modo, necessitas corrigir os hábitos mentais, substituindo com segurança aqueles que são perversos, doentios e sensuais por outros de natureza edificante, que te possam enriquecer de bem-estar e saúde, fortalecendo-te o ânimo para a luta e as resistências morais para a vivência saudável (*Nascente de bênçãos*, p. 193 e 194).

4.5 [...] ninguém, na Terra, pode considerar-se vitorioso em um empreendimento, especialmente sendo de natureza espiritual, enquanto investido da indumentária carnal. Somente após a libertação do cárcere orgânico é que poderá considerá-lo concluído, cabendo ao sábio Condutor da sua vida a análise final da tarefa e o veredicto a respeito da mesma.

Trabalhar atentamente, buscar iluminar-se interiormente, desenvolver os sentimentos de amor e de caridade no coração, tornando a mente clara para pensar com retidão e a existência dedicada à ação, constituem pauta de deveres a que todos nos devemos afeiçoar, enquanto nos encontramos no campo de batalha (*Entre os dois mundos*, p. 293 e 294).

Anotações

O ideal é que não tivéssemos preocupação alguma na vida. Como o ideal é o que se pretende alcançar, mas que ainda não se atingiu, devemos nos contentar com nossos recursos e possibilidades, trabalhando nossa intimidade para superação de fortes vícios que, por enquanto, trazemos arraigados em nosso ser e insistimos em alimentar.

A preocupação é, como o próprio termo expressa, a ocupação antecipada com qualquer coisa, acontecimento, pessoa... Quando nos preocupamos, temos a tendência de criar um mundo irreal, peculiar, que gira em torno de pensamentos que emitimos e que, consequentemente, refletem-se em nossos comportamentos e atitudes.

Esse comportamento nos mantém presos a situações complicadas que provavelmente poderiam ser evitadas. E, talvez, não apresentem a dimensão que lhe damos decorrentes de nossas reações antecipadas diante do que poderia acontecer.

É bom que estejamos atentos para a realidade de que se algo nos incomoda ou nos chama a atenção, se somos "tocados" por algum acontecimento ou, sobretudo, se temos a tendência de reagir a um comportamento alheio, é porque, de certa forma, aquela ocorrência desperta-nos para atitudes que ainda precisamos adotar diante da vida.

É como se fosse um espelho projetado à nossa frente: quando observamos algum comportamento a ser corrigido em nosso semelhante, é provável que também precisemos corrigir em nós mesmos tendências semelhantes às notadas na personalidade alheia.

Diante da vida e das relações humanas, esforcemo-nos pela adoção de atitudes condizentes com os princípios de caridade preconizados pelo Evangelho de Jesus. Busquemos o equilíbrio íntimo, alimentando a casa mental com ideais superiores que, mediante esforço constante, refletirão em nosso comportamento ações concretas no bem do próximo e de nós mesmos.

5
Biscoitos

Certo dia uma moça estava à espera de seu voo na sala de embarque de um aeroporto.

Como deveria esperar por muitas horas, resolveu comprar um livro para *matar* o tempo.

Também comprou um pacote de biscoitos.

Então, achou uma poltrona numa parte reservada do aeroporto para que pudesse descansar e ler em paz.

Ao seu lado, sentou-se um homem.

Quando apanhou o primeiro biscoito, o homem também pegou um.

Sentiu-se indignada, mas não disse nada.

E pensou:

— Mas que *cara de pau*! Se eu estivesse disposta, lhe daria um *soco* para que ele nunca mais esquecesse.

A cada biscoito que pegava, o homem também pegava um.

Aquilo a deixava tão indignada que não conseguia reagir. Restava apenas um biscoito. Então, pensou:

— O que será que o abusado vai fazer agora?

Acredite: o homem dividiu o biscoito ao meio, deixando-lhe a outra metade.

Aquilo a deixou irada e *bufando* de raiva.

Pegou, então, o seu livro e as suas coisas e dirigiu-se ao embarque.

Quando se sentou confortavelmente, para sua surpresa, observou que o pacote de biscoito que havia comprado estava ainda intacto, dentro da bolsa.

Não julgueis, a fim de não serdes julgados.

Tema de estudo
PRECONCEITO E JULGAMENTO

Fontes de pesquisa
O evangelho segundo o espiritismo
Sementeira da fraternidade
Nascente de bênçãos
Jesus e o evangelho
Dias gloriosos

Textos para reflexão

5.1 Não julgueis, a fim de não serdes julgados; porque sereis julgados conforme houverdes julgado os outros; empregar-se-á convosco a mesma medida de que vos tenhais servido para com os outros (MATEUS, 7: 1 e 2.) (*O evangelho segundo o espiritismo*, cap. X, it. 11).

5.2 Você conhece [...] os meios eficazes para triunfar.

Você sabe que o lodo acolhe detritos e os retém, enquanto a luz recusa o ultraje da imundície mesmo em contato com ela.

Você dispõe, como todos, da bondade que é inata nos corações.

Utilize-a em favor de você mesmo e esparza-a onde se encontre.

A bondade é moeda que enriquece a vida e é mensagem delicada que todos escutam e identificam.

Divulgue-a com todos os esforços por onde passe, com quem esteja.

Há muitos que insistem em ignorá-la, embora dormitando na área íntima do coração e a buscam nos cofres alheios. Atenda esses aflitos, despertando neles a faculdade de a descobrirem no imo.

Inúmeros outros não creem no valor dessa preciosa semente de luz. Distenda-a em volta deles e o tempo fará que germine, convertendo-se em sol de bênçãos.

Faça-se bom! Não é necessário que modifique a face da Terra, pois que não o conseguiria. Mas você pode sorrir, compreender, ajudar, amar...

A bondade não faz ruído: acalma quem a conduz, quem a recebe, e fica luminosa qual estrela brilhando na noite... (*Sementeira da fraternidade*, p. 54 e 55).

5.3 Tem cuidado com as tuas reações emocionais.

Vigia as nascentes do coração de onde nascem o bem e o mal proceder, conforme acentua a narração evangélica.

Disciplina os teus impulsos e direciona bem os teus sentimentos, a fim de que não venhas a tornar-te iracundo, gerando dificuldades no meio em que vives.

Concede aos demais o direito de serem conforme o conseguem e não de acordo com as tuas imposições, nem sempre devidas.

Considera que as tuas dificuldades não são diferentes daquelas que aturdem outros corações e outros comportamentos.

Não tomes como medida de procedimento para o teu próximo os teus atos, quase sempre arbitrários e tiranizantes.

Da mesma forma que não te permites dirigir por outrem, não pretendas impor-te aos outros (*Nascente de bênçãos*, p. 33).

5.4 Toda vez que o indivíduo, descredenciado legalmente, procede a um julgamento caracterizado pela impiedade e pela precipitação, realiza de forma inconsciente a projeção da *sombra* que nela jaz, desforçando-se do conflito e da imperfeição que lhe são inerentes, submetido como se encontra à sua crueza escravizadora em tentativa de libertar-se.

A delicada questão do julgamento é dos mais complexos desafios que enfrenta a psicologia profunda, em razão dos inúmeros fatos que se encontram subjacentes no ato, quase sempre perverso de medir a conduta de outrem com recursos nem sempre próprios de ética, justiça e dignidade.

Analisá-lo é devassar o inconsciente daquele que se atribui o direito de penetrar na problemática de outrem, embora ignore várias causas difíceis de ser identificadas, porque específicas, mantendo um comportamento, por sua vez, mais danoso, mais credor de correção e censura, do que aquele que no seu próximo pretende punir.

Mediante mecanismo automático de liberação das cargas de culpa e medo retidas no inconsciente, o julgador escusa-se desvelar as imperfeições morais que possui, facilmente identificando o mínimo reprochável noutrem, por encontrar-se atribuído por gravames iguais uns e outros muito mais perturbadores. [...]

Diante dos julgamentos direcionados pelos sentimentos servis e dos julgadores sistemáticos, considere-se, pois, com cuidado a severa advertência do Homem de Nazaré: "Hipócritas, tirai primeiro a trave do vosso olho e depois, então, vede como podereis tirar o argueiro do olho do vosso irmão" (*Jesus e o evangelho*, p. 81, 82 e 86).

5.5 Ninguém vive no mundo sem desafios, particularmente na área da saúde, dos relacionamentos interpessoais, das aspirações, dos processos de crescimento íntimo. São eles que promovem o ser, que lhe desenvolvem a capacidade da luta, que o aprimoram, auxiliando-o sempre a conquistar novos patamares evolutivos, sem o que a existência terrena perderia todo o sentido e significado espiritual.

Tornar, porém, essa existência o mais agradável possível, mais enriquecedora e pródiga de conquistas, é a atitude inteligente que devem assumir todos aqueles que se conscientizam da transitoriedade do corpo e da perenidade do Espírito (*Dias gloriosos*, p. 37).

Anotações

Quantos julgamentos decorrentes do preconceito já não teremos emitido ao longo de nossa existência atual? Inúmeros, certamente. E que benefícios esse comportamento nos trouxe? Provavelmente, nenhum.

Então, é conveniente, toda vez que esse incômodo nos assediar, empreender uma viagem para dentro de nós mesmos, perscrutando a causa profunda de tais sentimentos e emoções. E, trabalharmos com afinco para superar essas tendências de julgar o próximo ou de pautarmos nosso comportamento por reações que não nos conduzem à felicidade.

Jesus foi claro ao nos fazer reflexionar sobre a questão: por que vemos um argueiro no olho do outro, e não percebemos a trave em nossos próprios olhos?! Oportuno que nos esforcemos para a melhoria contínua de nossas atitudes, sendo mais auto--observadores do que investigadores da intimidade de outrem.

Os problemas e preocupações que carregamos conosco, que levamos para a noite de sono, ou de insônia, apenas nos atordoam como fardos pesados que insistimos em manter nos ombros.

Confiemos em Jesus e respeitemos a individualidade do outro, reconhecendo que cada um oferece o melhor ao seu alcance diante das possibilidades de que dispõe e da vontade que emprega em suas escolhas e decisões na trajetória terrena.

E não nos esqueçamos de que com o Mestre o fardo é leve e o jugo é suave. Não há porque nos preocuparmos além da conta; cumpre-nos apenas a ocupação com o que é importante e necessário a nossa evolução e a daqueles que conosco caminham na estrada do aprendizado.

6
Passagem

Conta-se que no século XIX, um turista americano foi à cidade do Cairo, no Egito.

Seu objetivo era visitar um famoso rabino.

O turista ficou surpreso ao ver que o rabino morava num quarto simples, cheio de livros.

As únicas peças de mobília eram uma mesa e um banco.

— Onde estão os seus móveis? — perguntou o turista.

E o rabino, bem depressa, perguntou também:

— Onde estão os seus?

— Os meus? — Disse o turista. — Mas eu estou aqui de passagem?!

— Eu também! — Disse o rabino.

A vida estua além da dimensão do corpo carnal, exuberante e luminosa, aguardando todos que a enfrentarão.

Tema de estudo

TRANSITORIEDADE DA EXISTÊNCIA FÍSICA

Fontes de pesquisa

O livro dos espíritos
Reflexões espíritas
Diretrizes para o êxito
Intercâmbio mediúnico
...Até o fim dos tempos

Textos para reflexão

6.1 O homem carnal, mais preso à vida corporal do que à vida espiritual, tem, na Terra, penas e gozos materiais. Sua felicidade consiste na satisfação fugaz de todos os seus desejos. Sua alma, constantemente preocupada e angustiada pelas vicissitudes da vida, mantém-se num estado de ansiedade e de tortura perpétuas. A morte o assusta, porque ele duvida do futuro e porque tem de deixar no mundo todas as suas afeições e esperanças.

O homem moral, que se colocou acima das necessidades artificiais criadas pelas paixões, experimenta, já neste mundo, prazeres que o homem material desconhece. A moderação dos desejos dá ao seu Espírito calma e serenidade. Feliz pelo bem que faz, não há decepções para ele e as contrariedades deslizam sobre sua alma sem lhe deixarem nenhuma impressão dolorosa (*O livro dos espíritos*, q. 941, nota).

6.2 Duas forças em antagonismo vigem em nós, duas naturezas no homem, que podem ser sintetizadas numa só: a paixão, que se bifurca em paixão do corpo, da ambição e paixão da alma, da libertação.

Esse conflito deve terminar na paixão pelo Cristo, que não apenas se imolou numa cruz, mas permanece imolado em nossos sentimentos, aguardando por nós.

Não adieis mais!

Que esperais da vida, nesse limite que a porta do túmulo determina?

Preferis a ilusão de um momento, seguida pela marcha penumbrosa dos remorsos e das dores, ou optareis pela superação de alguns instantes de ansiedade, para a plenitude de todos os momentos depois?

Participais do banquete da vida. É justo que pagueis o seu tributo.

Fruís das alegrias da fé. É compreensível que vos seja cobrado o ingresso da satisfação.

Na aduana da vida, o passaporte libertador é a conduta íntima.

Ninguém se poupe ao esforço de sublimar-se (*Reflexões espíritas*, p. 114 e 115).

6.3 Conta-se que São Bernardo, certo dia, sentindo-se agitado, diante dos muitos afazeres, quando transitava de um para outro lado, deteve-se e refletiu: *Bernardo, para onde estás correndo, se somente um destino é o correto — Jesus*?! De imediato, asserenou-se, passando a resolver todas as questões em clima de alegria e de bom humor, sem pressa nem tormento.

Quando se está afadigado na busca de diferentes objetivos, superficiais uns e desnecessários outros, a vida transcorre agitada, o tempo sem tempo faz-se um tormento, retirando os benefícios da luta.

Por isso, torna-se necessária a ida ao *deserto* [viagem de interiorização, na busca do que se é], a fim de se

Anotações espíritas

conseguir os tesouros que proporcionam soluções adequadas e respostas próprias a todas as questões afligentes da existência.

É natural que o ser humano procure viver de maneira compatível com a época e as circunstâncias sociais em que se encontra. Todavia, é-lhe um desafio a eleição de conduta a respeito da sua realidade espiritual, que não deve ser ignorada ou, quando identificada, não ser postergada (*Diretrizes para o êxito*, p. 172 e 173).

6.4 É expressivo o número de viandantes que aportam na Terra, assinalados pela ansiedade e desesperação, procurando, no mergulho carnal, o olvido a muitas responsabilidades conflitantes, bem como a ensancha reparadora para ascender na direção da grande luz. Sem embargo, o retorno à pátria espiritual faz-se, quase invariavelmente, em condições lamentáveis, em que o fracasso e a frustração colocam a máscara do desespero nas almas que se dão conta da jornada perdida, ou complicada por falta de siso e por precipitação... (*Intercâmbio mediúnico*, p. 109).

6.5 Será sempre assim que Ele agirá. A criatura é maior do que as circunstâncias; o bem prevalece sempre, e porque vem de Deus, é expressão do Pai. As aparências e superficialidades do pensamento humano, suas paixões e apetites desenfreados cedem lugar ao que é legítimo e transcendente, que é a vida em si mesma.

As leis terrenas foram elaboradas para coibir o abuso, o desrespeito aos direitos dos outros, a exaltação dos instintos servis, a inferioridade, nunca para se transformarem em uma adaga ameaçadora, oscilante no alto, em débil fio, prestes a cair e a decepar a cabeça de qualquer criatura inadvertida.

Mesmo o Estado tem os seus limites sobre a vida e toda vez que os extrapola perde o respeito por si mesmo e os seus administradores se transformam em títeres, em verdugos soberbos, em aves de rapina que triunfam sobre os cadáveres nos quais se banqueteiam.

Jesus cresce como o dia que avança saindo da noite.

Os seus inimigos se multiplicam, dominados pela inveja, pela própria inferioridade, pela morbidez das suas mesquinharias.

Todos os homens e mulheres de bem, idealistas, voltados para as causas enobrecedoras da Humanidade os sofrerão. Eles permanecem na Terra como obstáculos ao progresso. Incapazes de amar, de servir e de tornar-se modelos, odeiam a todos aqueles que o são. Levantam-se sempre para anatematizar, discutir, apontar erros.

Jesus nunca lhes deu importância. O mesmo devem fazer aqueles que estejam iluminados pelos convites do Evangelho e da vida. [...]

Um sentido exclusivo tem a existência humana: a preparação para a sua imortalidade espiritual. Todos quantos transitam no carro físico, deixam-no e seguem com os valores amealhados emocionalmente, sejam quais forem.

A vida estua além da dimensão do corpo carnal, exuberante e luminosa, aguardando todos que a enfrentarão.

Anotações espíritas

Amealhar para as necessidades humanas constitui um dever, porém repartir e multiplicar por meio da divisão em favor dos outros que padecem carência, é tornar-se rico de plenitude e de recursos que nunca se consomem, porque de sabor eterno (...*Até o fim dos tempos*, p. 77, 78 e 86).

Anotações

A existência material, iniciada no momento da concepção e extinta na denominada morte, é uma passagem. Por mais que dure 80, 100 anos, transcorre com rapidez.

A reencarnação, definida como o retorno do Espírito a um novo corpo físico, constitui-se em valiosa oportunidade de desenvolvimento intelectual e moral. Por essa razão, deve ser bem aproveitada.

A cada dia deveríamos nos preparar para a morte, para bem morrer, considerando ser o passamento a nossa porta de entrada na vida real, permanente. Para isso, é importante aprender a bem viver a existência material, transitória, facultada pela experiência da pluralidade das existências.

Aprendemos com Jesus que é necessário cuidar das duas vidas: a material e a espiritual. Quando nos dedicamos exclusivamente à materialidade, tornando-nos consumistas, hedonistas, egoístas, perdemos a noção dos valores reais com os quais devemos alimentar a intimidade de nossos seres.

A compreensão dos ensinamentos de Jesus só é possível com o entendimento da vida futura. O maior patrimônio que Deus concedeu aos seus filhos foi tê-los criado Espíritos imortais. A imortalidade é a dádiva por excelência a que o Espírito está destinado por concessão divina.

O Espiritismo combate assim o Materialismo que ainda alimenta o imaginário de boa parte de homens e mulheres que não creem na vida após a morte ou que não dão importância às questões da espiritualidade.

Para otimizarmos o aproveitamento da nossa atual existência, é importante manter a firmeza da vontade para o cultivo de virtudes imperecíveis que nos conduzirão ao autoconhecimento e realização interior. A melhor maneira de nos autodescobrirmos é a convivência salutar com os semelhantes.

7

Por dinheiro nenhum no mundo

Uma dedicada freira americana cuidava de leprosos no Pacífico. Ao passar por ali um milionário texano, vendo-a tratar carinhosamente daqueles leprosos, disse:

— Freira, eu não faria isso por dinheiro nenhum no mundo.

E ela respondeu:

— Eu também não, meu filho!

∽

Todos temos o dever de auxiliar o nosso próximo em desfalecimento ou em tormento de qualquer espécie.

∽

Tema de estudo
AMOR E CARIDADE

Fontes de pesquisa
O livro dos espíritos
Reflexões espíritas
Garimpo de amor
Aos espíritas
Atualidade do pensamento espírita

Textos para reflexão

7.1 Qual o verdadeiro sentido da palavra caridade, tal como Jesus a entendia?

Benevolência para com todos, indulgência para as imperfeições dos outros, perdão das ofensas.

O amor e caridade são o complemento da lei de justiça, pois amar o próximo é fazer-lhe todo o bem que nos seja possível e que desejaríamos que nos fosse feito. Tal o sentido destas palavras de Jesus: *Amai-vos uns aos outros como irmãos.*

A caridade, segundo Jesus, não se restringe à esmola; abrange todas as relações com os nossos semelhantes, sejam eles nossos inferiores, nossos iguais ou nossos superiores. Ela nos prescreve a indulgência, porque nós mesmos precisamos de indulgência; ela nos proíbe humilhar os desafortunados, ao contrário do que comumente fazemos. Quando uma pessoa rica se apresenta, todas as atenções e deferências se voltam para ela; se for pobre, é como se não nos devêssemos incomodar com ela. Entretanto, quanto mais lastimável for a sua posição, maior deve ser o cuidado em não lhe aumentarmos o infortúnio pela humilhação. O homem verdadeiramente bom procura elevar, aos seus próprios olhos, aquele que lhe é inferior, diminuindo a distância que os separa (*O livro dos espíritos*, q. 886).

7.2 Todos estamos convocados para prepararmos o advento dos dias porvindouros.

As lâmpadas acesas na noite têm a nobre finalidade de derramar claridade.

Não nos encontramos reunidos no ministério espiritista e cristão por acaso.

Não voltamos aos caminhos do Cristianismo por injunções eventuais ou por caprichos do destino.

Assumimos grave responsabilidade com o Cristo que não soubemos respeitar no passado.

Contribuímos para estes momentos de desaires e sofremo-los, vivendo as consequências dos nossos atos pretéritos.

Assim, estabeleçamos a nova ordem do amor preparando o futuro de gloriosos dias, nos quais, possivelmente, noutra roupagem, estaremos de volta, experimentando o primado do Espírito imortal.

Companheiros em Doutrina Espírita, rugindo a tempestade, vigiemos.

Estourando as lutas, resguardemo-nos.

Correndo os rios de lágrimas e amontoando-se os cadáveres dos ideais perdidos, atuemos no bem.

A nossa é a valiosa ação de servir e servir, amando e amando, sem revidarmos mal por mal, nem aceitarmos o achincalhe, a provocação, a agressividade espontânea dos que enlouqueceram e ainda não se deram conta.

Na história dos séculos, a cruz do Cristo, simbolizando a sua derrota, *é a história da grande vitória* que inaugura a ressurreição como prelúdio de uma vida eterna (*Reflexões espíritas*, p. 102 e 103).

7.3 O amor é inexcedível!

Não se preocupa na forma como será recebido, mas na maneira como se expressa, irradiando-se sobranceiro.

Santo Agostinho, fascinado com os milagres que o amor opera, declarou enfático: *Eu sou apaixonado pelo amor.*

Essa paixão que tinha pelo amor fez que o dilatasse em favor da Humanidade, tornando-o iluminado, em razão do autoconhecimento a que se entregou, ampliando-o pela esteira dos séculos em benefício de todas as criaturas.

São Francisco de Assis, de tal maneira se embriagou com o elixir do amor e o viveu tão intensamente que a sua mensagem afetuosa e simples mudou os rumos da História, tornando-se, em consequência, o pai da Ecologia, o pioneiro do Renascimento, o perfeito imitador de Jesus, a quem seguiu com entrega total e paixão imorredoura.

Homens e mulheres, que se propuseram a amar, tornaram-se modelos de vida e de plenitude, totalmente integrados no espírito de doação, que é característica fundamental e inapelável do amor (*Garimpo de amor*, p. 77 e 78).

7.4 A obra do bem em que te encontras empenhado não pode prescindir de planejamento.

Nem o estudo demorado, no qual aplicas o tempo, fugindo à ação, nem a precipitação geradora de muitos insucessos.

Para agires no bem, muitas vezes, qualquer recurso positivo constitui-se em material excelente de rápida aplicação. Todavia, o delineamento nos serviços que devem avançar pelo tempo tem regime prioritário.

A terra devoluta, para ser utilizada, inicialmente recebe a visita do agrimensor que lhe mede a extensão, estuda-lhe as curvas de níveis, abrindo campo propício a agricultores, construtores, urbanistas que lhe modificarão a fisionomia.

O edifício suntuoso foi minuciosamente estudado e estruturado em maquetes facilmente modificáveis.

Até mesmo a alimentação mais humilde não dispensa a higiene e quase sempre o cozimento, a fim de atender devidamente ao organismo humano.

Improvisar é recurso de emergência.

Programar para agir é condição de equilíbrio.

Nas atividades cristãs que a Doutrina Espírita desdobra, o servidor é sempre convidado a um trabalho eficiente, pois que a realização não deve ser temporária nem precipitada, mas de molde a atender com segurança.

A caridade, desse modo, não se descolore na doação pura e simples, adquirindo o matiz diretivo e salvador.

Não somente hoje, não apenas agora.

Hoje é circunstância de tempo na direção do tempo sem-fim.

Agora é trânsito para amanhã.

Planejar-agindo é servir-construindo.

Por esse motivo, ajudar é ajudar-se, esclarecer significa esclarecer-se e socorrer expressa socorrer-se também.

Planifica tudo o que possas fazer e que esteja ao teu alcance.

Estuda e examina, observa e experimenta, e, resoluto, no trabalho libertador avança, agindo com acerto para encontrares mais tarde, na realização superior, a felicidade que buscas (*Aos espíritas*, p. 149 e 150).

7.5 Tolerar não significa concordar, conivir. É uma atitude de respeito pelo que pensam ou de como se comportam os outros, mantendo, porém, as próprias convicções e conduta correta. O Espiritismo tem como máxima lapidar *Fora da Caridade não há salvação*, que se fundamenta no pensamento e exemplificação de Jesus, quando esteve conosco na Terra. Assim, os postulados que se derivam dos seus ensinos e que foram muito bem estudados por Allan Kardec, são as diretrizes de segurança que não podem ser desconsideradas.

Todos temos o dever de auxiliar o nosso próximo em desfalecimento ou em tormento de qualquer espécie, no entanto, somos convidados a exemplificar a conduta correta, ensinando-o a comportar-se de forma saudável em nossas Casas dedicadas ao estudo e à prática do Espiritismo (*Atualidade do pensamento espírita*, p. 161).

Anotações

Preconiza o Espiritismo que "fora da caridade não há salvação". Podemos entender essa expressão da seguinte maneira: sem a prática do bem não há felicidade.

O livro dos espíritos é didático em explicar o verdadeiro sentido da palavra caridade, segundo o entendimento de Jesus: "benevolência para com todos; indulgência para com as imperfeições alheias; perdão das ofensas".

Ser bom para com todos é praticar o bem indistintamente, superando os egoísmos de família, grupo social, raça, sexo, expressão religiosa... A bondade não prescinde da segurança. Nesse, como em diversos outros quesitos, Jesus é nosso modelo ao demonstrar em suas ações a firmeza serena, ou a serenidade firme. Este comportamento é sempre o daquele que deseja ajudar, que quer o melhor ao semelhante, sem impor-lhe restrições ou exigir retribuição de qualquer natureza.

A indulgência traduz-se na tolerância que devemos ter uns para com os outros, uma vez que todos estamos na caminhada e precisamos nos auxiliar reciprocamente. Ser paciente e compreensivo é demonstração de maturidade que resulta em benefício para todos. O diálogo sem reservas, sincero e honesto, abre a porta do entendimento, possibilitando relações harmônicas e demonstrações reais dos princípios e valores espíritas.

O perdão das ofensas é exercício constantemente exigido nas relações com o próximo. Perdoar significa não guardar mágoa, esquecer os aspectos negativos das ocorrências para extrair delas as lições que encerram ao nosso aprendizado. Na atitude do perdão, não nos devemos exigir de imediato o esquecimento do que aconteceu, mas a gradativa superação de possíveis rancores, a fim de que não se mantenham laços negativos com o semelhante, que depois deverão ser desatados futuramente, nesta ou em outras vidas.

Caridade é abnegação e desprendimento. É exemplo de humildade e altruísmo. É o instrumento de nosso júbilo e da felicidade alheia.

Afirma um ditado espiritualista: "procurei Deus, não o encontrei; busquei a mim mesmo, não me achei; enxerguei o próximo e identifiquei os três". O próximo é assim a chave do autoconhecimento e o recurso que enseja a caminhada rumo a Deus.

8
Pessimista ou otimista?

O pessimista vê dificuldades em toda oportunidade.
O otimista vê oportunidades em todas as dificuldades.

Winston Churchill

Quando estiveres a ponto de sucumbir, dá-te outra oportunidade e chama por Deus.

Tema de estudo
PESSIMISMO E OTIMISMO

Fontes de pesquisa
O evangelho segundo o espiritismo
Desperte e seja feliz
Vida: desafios e soluções
Momentos de coragem
Sementeira da fraternidade

Textos para reflexão

8.1 Sabeis por que, às vezes, uma vaga tristeza se apodera dos vossos corações e vos faz achar a vida tão amarga? É que vosso Espírito, aspirando à felicidade e à liberdade, mas, ligado ao corpo que lhe serve de prisão, esgota-se em vãos esforços para dele sair. Porém, reconhecendo que são inúteis esses esforços, cai no desânimo e, como o corpo lhe sofre a influência, sois tomados pela lassidão, pelo abatimento e por uma espécie de apatia; por isso vos julgais infelizes.

Crede-me, resisti com energia a essas impressões que vos enfraquecem a vontade. Essas aspirações a um mundo melhor são inatas no espírito de todos os homens, mas não as busqueis neste mundo e, agora, quando Deus vos envia os Espíritos que lhe pertencem, para vos instruírem acerca da felicidade que Ele vos reserva, aguardai pacientemente o anjo da libertação, para vos ajudar a desatar os laços que vos mantêm cativo o Espírito. Lembrai-vos de que, durante a vossa prova na Terra, tendes uma missão de que não suspeitais, quer vos dedicando à vossa família, quer cumprindo as diversas obrigações que Deus vos confiou. E se, no curso dessa provação, ao cumprirdes a vossa tarefa, virdes caírem sobre vós os cuidados, as inquietações e tribulações, sede fortes e corajosos para os suportar. Afrontai-os resolutos; duram pouco e vos conduzirão para junto dos amigos por quem chorais, que se alegrarão com a vossa chegada entre eles e vos estenderão os braços, a fim de guiar-vos a uma região inacessível às aflições da Terra. – François de Genève (*O evangelho segundo o espiritismo*, cap. V, it. 25).

8.2 Não reclames!

Agradece a Deus a oportunidade de seres aquele que exemplifica entre lágrimas o que os outros fruem, por enquanto, entre sorrisos.

O dia de todos sempre chega, convidando, uma a uma, as criaturas, à reflexão e ao fenômeno de amadurecimento.

E a morte, que a ninguém poupa, chamar-te-á e a todos os homens ao despertamento, para aferição de valores diante da consciência, sob a vigilância do amor de Deus.

Nunca te queixes nem relaciones ingratidões.

O ingrato sabe que o é. Amargurado, autopune-se. Infeliz, aflige-se.

Quanto a ti, segue adiante.

Jesus, que é perfeito, experimentou entre os homens o sarcasmo, a desolação, a negativa e a traição, ensinando-nos que o amor, para ser verdadeiro, é paciente, tolerante, compreensivo, jamais reclamando, pois Ele sabia que a Terra é ainda escola de redenção, e os homens que a habitam encontram-se em processo de aprendizagem e complementação espiritual.

Não reclames, pois, nunca mais! (*Desperte e seja feliz*, p. 49).

8.3   Ninguém, portanto, aspire vencer, aguardando que outros realizem o esforço que lhe cumpre desenvolver, porque a conquista é pessoal e intransferível, não havendo lugar para fraude ou enganos.

Quando o homem primitivo ergueu os olhos para o Infinito, atemorizou-se e curvou-se ante a majestade que não conseguiu entender. Lentamente, porém, perscrutando a Natureza e exercitando-se, passou do instinto grotesco para os mais refinados e abriu o campo da razão, que lhe faculta alcançar as primeiras manifestações da intuição que lhe será patrimônio futuro, quando totalmente livre dos imperativos da matéria.

Assim, a luta conflitiva cede lugar à de natureza consciente e racional, porque apresenta a meta a ser conquistada, sem cuja vitória o sofrimento permanece como ditador, impondo as suas diretrizes arbitrárias e nem sempre necessárias.

A vida não exige dor, mas brinda amor. A primeira é experiência para vivenciar o segundo, que não tem sido valorizado como necessário.

Desse modo, os mecanismos da evolução se impõem como necessidades de um nível mais avançado, as ético--moral-estéticas, que fomentarão outras mais grandiosas que se tornarão de natureza metafísica, porque penetrarão as regiões mais altas do processo de crescimento da vida (*Vida*: desafios e soluções, p. 136).

8.4   Quando estiveres a ponto de sucumbir, dá-te outra oportunidade e chama por Deus.

No momento amargo da revolta, quanto te encontrares a ponto de explodir, transfere o gesto louco e confia em Deus. [...]

Insiste, ainda, um pouco mais.

Não desistas com facilidade.

Faculta-te um nova tentativa. [...]

Assim, os teus momentos difíceis de agora estarão transpostos logo mais, se souberes reunir as forças combalidas e perseverar na irrestrita confiança em Deus (*Momentos de coragem*, p. 126, 127 e 128).

8.5 Erga a cabeça pendida. Levante os olhos sem luminosidade nem alegria, descerre os lábios emurchecidos pelo rito do sofrimento e ante, alma, a excelência da fé, para quantos se acostumaram a ouvir a música do Evangelho renovador pela sua boca.

Jesus é luz na noite, barco na tormenta, amor vigilante. Ligue-se a Ele e, vitoriosamente com Ele, transporá os obstáculos, porquanto quem se lhe dá em holocausto não tem como furtar-se à cruz da ignomínia que Ele recebeu nos lábios, no momento em que pediu a linfa refrescante. Todavia, na cruz, de braços abertos, parecia afagar a Humanidade sofredora pelos séculos sem-fim, esquecendo a própria dor.

Seguro de que Cristianismo é autodoação, e de que fé é sacrifício infatigável, vá além... Esqueça, mesmo que o coração esteja ralado, o abandono a que é lançado e avance, amando sem ser amado, para que o Céu o inscreva no livro que guarda os nomes dos que passaram ignorados e incompreendidos, servindo, porém, à causa de nosso Pai.

Com Jesus, ligado ao bem de todos, você caminhará vitoriosamente, companheiro, no rumo da felicidade sem termo pelos caminhos da imortalidade sem-fim... (*Sementeira da fraternidade*, p. 59 e 60).

Anotações

Por que ser pessimista se sabemos, à luz do Espiritismo, que todos somos imortais?

A pessoa que toda manhã ora, agradecendo pelo novo dia que se inicia, renovando as oportunidades de aprendizado; que procura viver cada momento, observando os exemplos da Natureza a refletir a Bondade divina na realização constante da vida, tem mais chances de ser feliz.

O agradecimento é gesto de humildade diante da grandeza do Criador, que sempre assiste às suas criaturas.

Quando aprendemos a ver o lado bom das coisas, acontecimentos e pessoas, abrimo-nos para a descoberta de novas realidades, desenvolvendo nossa capacidade de enxergar a presença da vontade de Deus a manifestar-se em tudo que existe, desde o mais simples às realizações mais complexas do mundo.

Ao entendermos que a vida material é breve passagem diante da eternidade, reconhecemos que as mais árduas provas e expiações são concessões que as leis naturais nos oferecem para construção de nossa caminhada para Deus.

Por isso, cabe-nos renovar a disposição íntima, identificar as causas dos problemas e, com esforço gradativo, superar as tendências de desânimo que ainda estagiam na intimidade de nossos corações.

Entusiasmo significa ter Deus dentro de nós, e deixar que essa potencialidade divina se faça presente em cada momento da vida, na expressão de nossas palavras e ações diárias.

O otimismo é, assim, compromisso de todo indivíduo que já consegue reconhecer-se Espírito imortal e que deseja empreender a inadiável e longa viagem do autodescobrimento e da plenitude.

9
Pensamento e destino

Tenha sempre bons pensamentos, porque os seus pensamentos se transformam em suas palavras.

Tenha boas palavras, porque as suas palavras se transformam em suas ações.

Tenha boas ações, porque as suas ações se transformam em seus hábitos.

Tenha bons hábitos, porque seus hábitos se transformam em seus valores.

Tenha bons valores, porque os seus valores se transformam no seu próprio destino.

Mahatma Gandhi

O destino, cada qual está a escrevê-lo com os atos, mediante o seu livre-arbítrio.

Tema de estudo
ESCOLHA E DESTINO

Fontes de pesquisa
O livro dos espíritos
Nascente de bênçãos
Entre os dois mundos
Atualidade do pensamento espírita
Reencontro com a vida

Textos para reflexão

9.1 Nada acontece sem a permissão de Deus, pois foi Ele que estabeleceu todas as leis que regem o Universo. Perguntai, então, por que fez tal lei, e não outra! Dando ao Espírito a liberdade de escolher, Deus lhe deixa toda a responsabilidade de seus atos e de suas consequências. Nada entrava o seu futuro; o caminho do bem, como o do mal, lhe estão abertos. Se vier a sucumbir, resta-lhe o consolo de que nem tudo se acabou para ele e que Deus, em sua bondade, deixa-o livre para recomeçar o que foi malfeito. Além disso, é preciso distinguir o que é obra da vontade de Deus do que é obra da vontade do homem. Se um perigo vos ameaça, não fostes vós quem o criou, e sim Deus; tivestes, porém, o desejo de vos expordes a ele, porque nele vistes um meio de progredirdes, e Deus o permitiu (*O livro dos espíritos*, q. 258-a).

9.2 Podes mudar o teu destino, conforme agires no teu dia a dia.

Não existe uma predestinação para o mal, mas sim para a perfeição relativa.

O bem que fazes é luz que acendes na noite dos teus compromissos, apontando rumos libertadores e diminuindo o débito que te pesa na economia espiritual.

Sempre que se te enseje oportunidade de servir, de construir, de auxiliar, de olvidar os prejuízos que te hajam causado, não te detenhas ante o prazer de realizá-los, disputando a honra de ser aquele que sempre está à disposição de todos na aduana da fraternidade.

Os teus atos são os teus acusadores ou defensores no tribunal da tua consciência e te representarão diante da Legislação divina (*Nascente de bênçãos*, p. 121).

9.3 Alterar, pois, a conduta moral e espiritual, é o dever que nos cabe manter em consciência, porquanto, os males que hoje nos assinalam são efeitos dos nossos próprios equívocos de ontem, cabendo-nos o compromisso de não serem gerados novos fatores de dissabor nem de infelicidade procedentes de nós mesmos.

A decisão de ser feliz é inteiramente individual, não cabe dúvida, razão por que ninguém pode anelar, para outrem que se recuse, a bênção que lhe gostaria de oferecer.

Desse modo, o empenho e a luta para conseguir-se harmonia que trabalha em seu favor, deve constituir o primeiro movimento de todo aquele que anseia pela mudança de situação emocional, física, econômica, social e espiritual. Somente, portanto, mediante esse esforço de renovação interna, combatendo as sombras teimosas que se aninham na mente e dominam o coração, é que se instalarão as claridades inapagáveis do bem-estar que enseja saúde e paz (*Entre os dois mundos*, p. 171).

9.4 O único fatalismo que existe é para o bem, para a felicidade. O destino, cada qual está a escrevê-lo com os atos, mediante o seu livre-arbítrio.

Graças à lei de causa e efeito, cada um é aquilo que de si mesmo faz. Conforme age, assim recebe a resposta da vida.

É claro que existem acontecimentos procedentes das reencarnações passadas, que impõem necessidades libertadoras; porém, ninguém vem à Terra para sofrer, senão para depurar-se, para reparar, para ascender. A dor não faz parte dos soberanos códigos. Ela existe enquanto o Espírito permanece na rebeldia, no egoísmo, na ignorância da sua fatalidade — que é alcançar o Reino dos céus (*Atualidade do pensamento espírita*, p. 77 e 78).

9.5 O ser humano está destinado à glória espiritual, cabendo-lhe desenovelar-se dos terríveis anéis mentais constritores que o mantêm em tormento e frustração.

Para o êxito do cometimento, a seleção dos pensamentos a cultivar mediante o esforço da vontade para fixá-los, substituindo aqueles perniciosos a que está acostumado, gerará nova conduta psíquica de resultados saudáveis.

Nessa fase de mudanças de hábitos mentais, a oração se torna elemento de valor inestimável, por lenir as dores morais e propiciar inspiração que procede desses núcleos de captação desse tipo de ondas, transformando-as em respostas portadores de bem-estar, de alento e esperança, de beleza e harmonia. [...]

O pensamento é, portanto, o veículo vigoroso que conduz o espírito à sintonia com a faixa de que se constitui e ao campo vibratório de energia que o capta.

Enquanto luz a oportunidade no corpo ou fora dele, cumpre que a mente se edifique por meio de construções ideológicas salutares, a fim de se transformarem em ações dignificantes, graças à inspiração e aos impulsos vigorosos procedentes do mundo real de onde todos nos originamos e para onde retornamos, conforme o teor de qualidade psíquica e os conteúdos morais das ações praticadas.

Pensar bem para agir melhor é o desafio do momento, que aguarda a decisão moral dos indivíduos (*Reencontro com a vida*, p. 64 e 65).

Anotações

Muitas vezes, sentimo-nos infelizes porque imaginamos ser os nossos os maiores problemas do mundo. Enfatizamos sobremaneira tudo o que acontece de difícil na vida, enxergando os problemas como males insuperáveis, em vez de visualizá-los como desafios a serem superados.

Deus, que é Pai de amor e bondade, nunca se esquece de nenhum de seus filhos. Se tivermos um pouco mais de fé, confiando na assistência providencial de amigos espirituais e daqueles que, do nosso lado, na condição de familiares, parentes e colegas, nos acompanham na trajetória evolutiva, a caminhada será menos árdua.

É, porém, indispensável reconhecer que cada um deve fazer a sua parte. Cabe ao homem agir conscientemente, procurando pautar as suas atitudes nas lições evangélicas que estimulam a prática do bem, com a constante presença da oração e da vigilância, para que não se deixe arrastar pelas tendências negativas e inferiores.

A felicidade ou infelicidade depende das escolhas que fazemos na vida. Em decorrência do uso do livre-arbítrio, podemos acertar, fazendo as melhores escolhas, ou errar, optando pelos caminhos tortuosos que acarretarão sofrimento.

Quando nos reconhecemos responsáveis pelo nosso próprio destino, assumimos uma postura de maturidade que facilita a caminhada, livre de amarras absolutamente dispensáveis. A liberdade de escolha é a grande dádiva que o Criador nos ofertou. Ao mesmo tempo, é também o fator complicador quando nos decidimos pelas opções equivocadas, e mais complicado ainda, quando insistimos no erro, que apenas gera insatisfação e sofrimento.

Entretanto, seja pelo amor ou pela dor, seguiremos com mais ou menos rapidez em direção ao futuro de paz íntima e integração com o Criador, destino do qual nenhum de nós pode fugir.

10

Iluminação

Um jovem despendera cinco árduos anos na busca da verdade. Certa feita, subindo os contrafortes de uma grande cadeia de montanhas, percebeu um ancião que descia pela trilha com um pesado alforje[2] às costas. Sentiu que aquele homem estivera no ponto mais alto, que finalmente encontrara um sábio capaz de responder às suas mais íntimas perguntas.

— Por obséquio, senhor — pediu —, qual o significado da iluminação?

O velhinho sorriu e parou. Em seguida, cravando os olhos no jovem, tirou devagar o alforje das costas, depositou-o no chão e endireitou o corpo.

---

[2] Nota do organizador: Duplo saco, fechado nas extremidades e aberto no meio, formando como que dois bornais, que se enchem equilibradamente, sendo a carga transportada no lombo de cavalgaduras ou ao ombro de pessoas.

— Ah, compreendo! — exultou o rapaz. — Mas, bom homem, o que vem depois da iluminação?

O ancião respirou fundo, repôs o alforje às costas e continuou seu caminho.

A jornada carnal é um laboratório de experiências valiosas para a felicidade real.

Tema de estudo
ILUMINAÇÃO INTERIOR

Fontes de pesquisa
O livros dos espíritos
Iluminação interior
Transtornos psiquiátricos e obsessivos
No limiar do infinito
Aos espíritas

Textos para reflexão

10.1 Qual o meio prático mais eficaz que tem o homem de se melhorar nesta vida e de resistir ao arrastamento do mal?

Um sábio da Antiguidade vos disse: Conhece-te a ti mesmo.

[...]

O conhecimento de si mesmo é, portanto, a chave do progresso individual. Mas, direis, como pode alguém julgar-se a si mesmo? Não está aí a ilusão do amor-próprio, que atenua as faltas e as torna desculpáveis? O avarento se considera simplesmente econômico e previdente; o orgulhoso acredita ter apenas dignidade. Tudo isso é muito certo, mas tendes um meio de controle que não vos pode enganar. Quando estiverdes indecisos sobre o valor de uma de vossas ações, perguntai como a qualificaríeis, se praticada por outra pessoa. Se a censurais nos outros, ela não poderia ser mais legítima, caso fôsseis o seu autor, porque Deus não usa de duas medidas na aplicação de sua justiça. Procurai também saber o que pensam os outros e não desprezeis a opinião dos vossos inimigos, já que estes não têm nenhum interesse em disfarçar a verdade e Deus muitas vezes os coloca ao vosso lado como um espelho, a fim de que sejais advertidos com mais franqueza do que o faria um amigo. Aquele, pois, que tem o sério desejo de melhorar-se perscrute a sua consciência, a fim de extirpar de si as más tendências, como arranca as ervas daninhas do seu jardim; faça o balanço de sua jornada moral, avaliando, a exemplo do comerciante, seus lucros e perdas, e eu vos garanto que o lucro sobrepujará os prejuízos. Se puder dizer que foi bom o seu dia, poderá dormir em paz e aguardar sem temor o despertar na outra vida (*O livro dos espíritos*, q. 919 e 919-a).

10.2 À medida que o ser se eleva, mais fácil apresenta-se-lhe a faculdade de entender a vida e suas ocorrências, dando-lhe motivações para empreendimentos contínuos de paz e de construção da solidariedade.

Não espera que o mundo mude, antes muda em relação ao mundo, tornando-se um ponto de referência para outras futuras transformações que ocorrerão em favor da renovação da sociedade.

Já não mais escraviza-se a pessoas e a coisas, por sabê-las todas efêmeras no curso infinito do progresso. Ama-as, porém, livre de dependência de qualquer espécie, por cuja forma não se detém na marcha, avançando sempre.

Compreende que nem todos, no momento, podem seguir-lhe os passos, o que não o aflige, nem o desestimula, porquanto reconhece a existência de níveis variados de consciências, continuando nos propósitos estabelecidos.

Vitimado por circunstâncias decorrentes dos atos infelizes do pretérito espiritual, enfrenta a situação com coragem, diluindo os efeitos com os métodos ao alcance, evitando novos comprometimentos que o afligirão no porvir.

Perseguido pela insensatez que campeia a soldo da comodidade em toda parte, sorri e continua, não se detendo a explicar a conduta, nem a debater a respeito da decisão de integrar-se no conceito da Verdade, vivendo-a, desde já, sem alarde, nem imposição de qualquer natureza (*Iluminação interior*, p. 29 e 30).

10.3 Herdeiro de si mesmo, [o Espírito] transfere de uma para outra etapa as conquistas e os prejuízos de que se faz possuidor, sendo-lhe impostos os deveres da reabilitação e do refazimento quando erra, tanto quanto do progresso quando se porta com equilíbrio. Mesmo quando sob a ocorrência das provas e expiações, encontra-se em processo de crescimento interior e na busca da meta iluminativa, que é a fatalidade da qual ninguém consegue evadir-se.

A jornada carnal é um laboratório de experiências valiosas para a felicidade real, e, por isso mesmo, a reencarnação é imposta a todos os Espíritos, a fim de que possam desenvolver a essência divina que neles jaz, aguardando os valiosos recursos que lhe facultem a expansão.

A dor, por consequência, é fenômeno natural na trajetória ascensional em que todos se encontram colocados.

Com a função específica de despertar a consciência humana adormecida, é o estímulo para a busca da harmonia e da alegria de viver que deixaram de existir no comportamento humano (*Transtornos psiquiátricos e obsessivos*, p. 8 e 9).

10.4 Elevemo-nos pela ação enobrecida e pelo exercício da meditação profunda acima das conjunturas imediatistas e conseguiremos vincular-nos a esses centros de comando e vitalização dos ideais humanos, podendo ali haurir forças para as vitórias sobre nós mesmos, ao mesmo tempo conseguindo libertar-nos das ligaduras carnais, pelo desprendimento parcial, por meio do sono, para fruir as benesses da excelsa misericórdia que o Senhor confere aos que o amam e buscam ser-lhe fiéis.

Diante dos painéis de Sol ou de estrelas, frente ao jardins e pomares, perante as construções da Arte, da beleza e da Ciência, alonguemos o pensamento e procuremos registar os nobres sinais de elevada estesia dessas paragens de felicidade, antegozando o futuro e considerando que, se o homem imperfeito e endividado pode edificar e gozar desde já tanta harmonia, o que esperará àquele que após a tarefa cumprida no mundo, retornar ao país de misericórdia e amor donde veio?! (*No limiar do infinito*, p. 99).

10.5 O correto exercício do Espiritismo como condição basilar para o equilíbrio pessoal impõe valiosas regras de comportamento moral e espiritual, que não podem ser relegadas ao abandono sob qualquer pretexto, pois que desconsiderá-las incidiria em grave erro, cujas consequências padeceria o candidato à vida sadia, como distonias de várias formas e lamentáveis processos de enfermidades outras de erradicação difícil.

Não sendo o homem senão um Espírito em árdua ascensão, empreendendo valiosos esforços, que não podem permanecer subestimados para lograr a renovação almejada, a vivência espírita é-lhe terapêutica salutar para as anteriores afecções físicas e psíquicas que imprimiu nos tecidos sutis do perispírito e agora surgem como dolorosos desaires... Simultaneamente é preventivo para futuras sequelas, vindouros contágios que lhe cabe evitar, na condição de ser inteligente, zeloso da própria paz.

Conquanto as naturais tendências para a reincidência nos equívocos a que se vê inconscientemente atado, dispõe, com o conhecimento revelador dos elevados objetivos da vida, dos recursos liberativos e das técnicas prodigalizantes do equilíbrio, que, utilizadas, constituem o estado ideal que todos buscamos e que está ao alcance do nosso desdobramento de atividades (*Aos espíritas*, p. 117 e 118).

Anotações

A educação nas pequenas quanto nas grandes ações é o melhor caminho para o autoconhecimento. A educação, não apenas aquela exterior cultivada pelos costumes sociais, mas a verdadeira educação que renova hábitos, é transformadora, afirmava o educador Pedro de Camargo, conhecido pelo pseudônimo Vinícius.

Curiosamente, quando o processo de autoiluminação é reconhecido como individual e intransferível, o trajeto mais curto para chegarmos à plena iluminação é a convivência. Ou seja, a convivência com o semelhante é a melhor maneira de nos autoconhecermos.

O próximo com quem nos relacionamos cotidianamente acaba por se revelar o guia do roteiro que devemos traçar e seguir para alcançarmos os objetivos nobres da vida para o qual fomos criados. É ele que aponta as necessidades que ainda trazemos de corrigir antigos vícios e adquirir novas virtudes.

A simbologia dos Evangelhos sobre o personagem da Parábola das bodas, que não se vestia adequadamente para a ocasião, é um alerta para que estejamos todos devidamente preparados quando o Senhor nos convidar para a entrada no Reino dos céus.

Se não preenchermos os requisitos de virtudes exigidas, sequer passaremos pelo "portão de entrada". E o nosso cartão de acesso é o coração puro e a mente limpa. Caso não apresentemos tais competências, precisaremos empreender a viagem de retorno e de recomeço, no processo abençoado das sucessivas experiências ensejadas pela Misericórdia divina, para que, no momento oportuno, quando o Senhor novamente nos convocar, possamos dizer com toda segurança: "Estou pronto, Senhor! Faça-se em mim a tua vontade".

Glossário dos temas de estudo[3]

AMOR
Luz permanente no cérebro e paz contínua no coração.
Base de todo relacionamento feliz.

ATITUDE
Alavanca invisível de ligação.
O que podemos fazer de melhor para nós mesmos.

BEM
Equivale ao correto, ao edificante, ao nobre e elevado.
Tudo o que nos aproxima de Deus.

CARIDADE
Amor na sua expressão mais elevada.
Fora da caridade não há salvação.

COMPORTAMENTO
O comportamento saudável segue uma linha de direcionamento equilibrado. A escala de valores adquire inteireza e passa a comandar as atitudes em todos os momentos possíveis.
O exemplo arrasta.

---

[3] Nota do organizador: Fontes: *Elucidações psicológicas à luz do espiritismo* — Leal; *O espiritismo de A a Z* — FEB; Dicionário Aurélio eletrônico.

DESTINO
Soma de nossos próprios atos, com resultados certos.
Somos artífices de nosso próprio destino.

ESCOLHA
Opção decorrente do livre-arbítrio individual.
O homem é livre na semeadura e escravo na colheita.

ESPERANÇA
Faculdade que infunde coragem e impele à conquista do bem.
A última que morre e a primeira que renasce.

EXISTÊNCIA FÍSICA
Sucessão de quadros comportamentais que se alternam incessantemente, proporcionando enriquecimento de experiências a todos quantos se encontrem interessados na construção da sua realidade.
Oportunidade de recomeço.

ILUMINAÇÃO INTERIOR
Resulta do esforço da busca íntima do ser profundo. Opção de sabedoria em relação ao ego que prevalece no mapeamento das aspirações humanas mais imediatas.
Conquista individual e intransferível.

JULGAMENTO
O julgamento legal tem raízes nas conquistas da Ética e do Direito, do desenvolvimento cultural dos povos e dos homens, concedendo ao réu a oportunidade de defesa enquanto são tomadas providências hábeis para que sejam preservados os seus valores humanos, as suas conquistas de cidadão.
Não julgueis para não serdes julgados.

MAL
Tudo aquilo que se apresenta negativo e de feição perniciosa, que deixa marcas perturbadoras e afligentes.

OTIMISMO
Manancial de forças para os dias de luta.
Somos responsáveis por cultivá-lo em nossas vidas.

PALAVRA
Valioso instrumento de comunicação.
Expressão divina.

PENSAMENTO
Fonte de vida; responde conforme a vibração mental que lhe é dirigida.
Construção do espírito.

PESSIMISMO
Porta aberta ao desânimo.
Somos responsáveis por combatê-lo em nossas vidas.

PRECONCEITO
Conceito ou opinião formados antecipadamente, sem maior ponderação ou conhecimento dos fatos; ideia preconcebida.
Reflexo da inferioridade humana.

Índice dos temas de estudo[4]

AMOR
combate à obsessão pelo – *Lampadário espírita*, cap. 29
coragem do – *Lampadário espírita*, cap. 43

BEM
evolução e – *Temas da vida e da morte*, cap. Flagelos e males

CARIDADE
ação libertadora da – *Loucura e obsessão*, cap. 23
Espiritismo e – *Estudos espíritas*, cap. 16

DESTINO
crime e – *Sublime expiação*, Pt. 2, cap. 8
reencarnação e – *Loucura e obsessão*, cap. 6
sofrimento e – *Sublime expiação*, Pt. 2, cap. 10

ESCOLHA ver LIVRE-ARBÍTRIO

ESPERANÇA
conceito de – *Estudos espíritas*, cap. 15
fé e – *Estudos espíritas*, cap. 15
sofrimento e – *Lampadário espírita*, cap. 42

---

[4] Nota do organizador: Pesquisa realizada no *Guia de fontes espíritas* — FEB. A indicação refere-se a livros psicografados pelo médium Divaldo Franco e publicados pela Federação Espírita Brasileira.

EXISTÊNCIA FÍSICA ver VIDA

ILUMINAÇÃO INTERIOR ver REFORMA ÍNTIMA

JULGAMENTO
trevas e – *Nos bastidores da obsessão*, cap. 6

LIVRE-ARBÍTRIO
sofrimento e – *Tramas do destino*, cap. 18

MAL
resistência ao – *Lampadário espírita*, cap. 24

OTIMISMO ver VONTADE

PENSAMENTO
educação e – *Temas da vida e da morte*, cap. Pensamento e emoções
vida e – *Temas da vida e da morte*, cap. Morrendo para viver

PRECONCEITO
atraso moral e – *Loucura e obsessão*, cap. 9
cultos, seitas religiosas e – *Loucura e obsessão*, cap. 21
tolerância e – *Loucura e obsessão*, cap. 22

REFORMA ÍNTIMA
disciplina da vontade e – *Loucura e obsessão*, cap. 23
mediunidade e – *Temas da vida e da morte*, cap. Obstáculos à mediunidade
necessidade da – *Lampadário espírita*, cap. 1

VIDA
evolução e – *Estudos espíritas*, cap. 6

VONTADE
fé e – *Lampadário espírita*, cap. 3

Referências

FRANCO, Divaldo P. *Aos espíritas*: coletânea de mensagens sobre a unificação, o movimento espírita e os espíritas. Por Espíritos diversos. Organizado por Álvaro Chrispino. Salvador (BA): Leal, 2005.

_____. *...Até o fim dos tempos*. Pelo Espírito Amélia Rodrigues. 2. ed. Salvador (BA): Leal, 2000.

_____. *Atualidade do pensamento espírita*. Pelo Espírito Vianna de Carvalho. Organização Washington Luiz Nogueira Fernandes. Salvador (BA): Leal, 1999.

_____. *Desperte e seja feliz*. Pelo Espírito Joanna de Ângelis. 6. ed. Salvador (BA): Leal, 2000.

_____. *Dias gloriosos*. Pelo Espírito Joanna de Ângelis. 2. ed. Salvador (BA): Leal, 2000.

_____. *Diretrizes para o êxito*. Pelo Espírito Joanna de Ângelis. Salvador (BA): Leal, 2004.

_____. *Entre os dois mundos*. Pelo Espírito Manoel Philomeno de Miranda. Salvador (BA): Leal, 2005.

_____. *Garimpo de amor*. Pelo Espírito Joanna de Ângelis. Salvador (BA): Leal, 2003.

_____. *Iluminação interior*. Pelo Espírito Joanna de Ângelis. Salvador (BA): Leal, 2006.

_____. *Intercâmbio mediúnico.* Pelo Espírito João Cléofas. 5. ed. Salvador (BA): Leal, 2000.

_____. *Jesus e o evangelho:* à luz da psicologia profunda. Pelo Espírito Joanna de Ângelis. Salvador (BA): Leal, 2000.

_____. *Momentos de coragem.* Pelo Espírito Joanna de Ângelis. Salvador (BA): Leal, 1988.

_____. *Momentos de saúde.* Pelo Espírito Joanna de Ângelis. Salvador (BA): Leal, 1992.

_____. *Nascente de bênçãos.* Pelo Espírito Joanna de Ângelis. Salvador (BA): Leal, 2001.

_____. *No limiar do infinito.* Pelo Espírito Joanna de Ângelis. Salvador (BA): Leal, 1977.

_____. *O ser consciente.* Pelo Espírito Joanna de Ângelis. Salvador (BA): Leal, 2000.

_____. *Reencontro com a vida.* Pelo Espírito Manoel Philomeno de Miranda. Salvador (BA): Leal, 2006.

_____. *Reflexões espíritas.* Pelo Espírito Vianna de Carvalho. 2. ed. Salvador (BA): Leal, 2001.

_____. *Sementeira de fraternidade.* Por Espíritos diversos. 3. ed. Salvador (BA): Leal, 1979.

_____. *Transtornos psiquiátricos e obsessivos.* Pelo Espírito Manoel Philomeno de Miranda. Salvador (BA): Leal, 2008.

_____. *Vida:* desafios e soluções. Pelo Espírito Joanna de Ângelis. 5. ed. Salvador (BA): Leal, 2000.

KARDEC, Allan. *O evangelho segundo o espiritismo.* Tradução de Evandro Noleto Bezerra. Rio de Janeiro: FEB, 2010.

_____. *O livro dos espíritos.* Tradução de Evandro Noleto Bezerra. Rio de Janeiro: FEB, 2011.

O LIVRO ESPÍRITA

Cada livro edificante é porta libertadora.

O livro espírita, entretanto, emancipa a alma nos fundamentos da vida.

O livro científico livra da incultura; o livro espírita livra da crueldade, para que os louros intelectuais não se desregrem na delinquência.

O livro filosófico livra do preconceito; o livro espírita livra da divagação delirante, a fim de que a elucidação não se converta em palavras inúteis.

O livro piedoso livra do desespero; o livro espírita livra da superstição, para que a fé não se abastarde em fanatismo.

O livro jurídico livra da injustiça; o livro espírita livra da parcialidade, a fim de que o direito não se faça instrumento da opressão.

O livro técnico livra da insipiência; o livro espírita livra da vaidade, para que a especialização não seja manejada em prejuízo dos outros.

O livro de agricultura livra do primitivismo; o livro espírita livra da ambição desvairada, a fim de que o trabalho da gleba não se envileça.

O livro de regras sociais livra da rudeza de trato; o livro espírita livra da irresponsabilidade que, muitas vezes, transfigura o lar em atormentado reduto de sofrimento.

O livro de consolo livra da aflição; o livro espírita livra do êxtase inerte, para que o reconforto não se acomode em preguiça.

O livro de informações livra do atraso; o livro espírita livra do tempo perdido, a fim de que a hora vazia não nos arraste à queda em dívidas escabrosas.

Amparemos o livro respeitável, que é luz de hoje; no entanto, auxiliemos e divulguemos, quanto nos seja possível, o livro espírita, que é luz de hoje, amanhã e sempre.

O livro nobre livra da ignorância, mas o livro espírita livra da ignorância e livra do mal.

EMMANUEL[1]

---

[1] Página recebida pelo médium Francisco Cândido Xavier, em reunião pública da Comunhão Espírita Cristã, na noite de 25 de fevereiro de 1963, em Uberaba (MG), e transcrita em *Reformador*, abr. 1963, p. 9.

O EVANGELHO NO LAR

Quando o ensinamento do Mestre vibra entre quatro paredes de um templo doméstico, os pequeninos sacrifícios tecem a felicidade comum.[1]

Quando entendemos a importância do estudo do Evangelho de Jesus, como diretriz ao aprimoramento moral, compreendemos que o primeiro local para esse estudo e vivência de seus ensinos é o próprio lar.

É no reduto doméstico, assim como fazia Jesus, no lar que o acolhia, a casa de Pedro, que as primeiras lições do Evangelho devem ser lidas, sentidas e vivenciadas.

O espírita compreende que sua missão no mundo principia no reduto doméstico, em sua casa, por meio do estudo do Evangelho de Jesus no Lar.

Então, como fazer?

Converse com todos que residem com você sobre a importância desse estudo, para que, em família, possam compreender melhor os ensinamentos cristãos, a partir de um momento de união fraterna, que se desenvolverá de maneira harmônica e respeitosa. Explique que as reflexões conjuntas acerca do Evangelho permitirão manter o ambiente da casa espiritualmente saneado, por meio de sentimentos e pensamentos elevados, favorecendo a presença e a influência de Mensageiros do Bem; explique, também, que esse momento facilitará, em sua residência, a recepção do amparo espiritual, já que auxilia na manutenção de elevado padrão vibratório no ambiente e em cada um que ali vive.

Convide sua família, quem mora com você, para participar. Se mora sozinho, defina para você esse momento precioso de estudo e reflexões. Lembre-se de que, espiritualmente, sempre estamos acompanhados.

Escolha, na semana, um dia e horário em que todos possam estar presentes.

O tempo médio para a realização do Evangelho no Lar costuma ser de trinta minutos.

---

[1] XAVIER, Francisco Cândido. *Luz no lar*. Por Espíritos diversos. 12. ed. 7. imp. Brasília: FEB, 2018. Cap. 1.

As crianças são bem-vindas e, se houver visitantes em casa, eles também podem ser convidados a participar. Se não forem espíritas, apenas explique a eles a finalidade e importância daquele momento.

O seguinte roteiro pode ser utilizado como sugestão:

1. Preparação: leitura de mensagem breve, sem comentários;
2. Início: prece simples e espontânea;
3. Leitura: *O evangelho segundo o espiritismo* (um ou dois itens, por estudo, desde o prefácio);
4. Comentários: breves, com a participação dos presentes, evidenciando o ensino moral aplicado às situações do dia a dia;
5. Vibrações: pela fraternidade, paz e pelo equilíbrio entre os povos; pelos governantes; pela vivência do Evangelho de Jesus em todos os lares; pelo próprio lar...
6. Pedidos: por amigos, parentes, pessoas que estão necessitando de ajuda...
7. Encerramento: prece simples, sincera, agradecendo a Deus, a Jesus, aos amigos espirituais.

As seguintes obras podem ser utilizadas nesse momento tão especial:

- *O evangelho segundo o espiritismo*, como obra básica;
- *Caminho, verdade e vida; Pão nosso; Vinha de luz; Fonte viva; Agenda cristã*.

Esse momento no lar não se trata de reunião mediúnica e, portanto, qualquer ideia advinda pela via da intuição deve permanecer como comentário geral, a ser dito de maneira simples, no momento oportuno.

No estudo do Evangelho de Jesus no Lar, a fé e a perseverança são diretrizes ao aprimoramento moral de todos os envolvidos.

FEB editora
Livro espírita para um novo mundo
www.febeditora.com.br
@febeditoraoficial
@febeditora

Conselho Editorial:
Carlos Roberto Campetti
Cirne Ferreira de Araújo
Evandro Noleto Bezerra
Geraldo Campetti Sobrinho – Coord. Editorial
Jorge Godinho Barreto Nery – Presidente
Maria de Lourdes Pereira de Oliveira
Miriam Lúcia Herrera Masotti Dusi

Produção Editorial:
Elizabete de Jesus Moreira

Revisão:
Jorge Leite de Oliveira
Neryanne Paiva

Capa:
Caroline Vasquez

Projeto gráfico e diagramação:
Paulo Márcio Moreira

Foto de capa:
grupokeystone.com.br

Normalização Técnica:
Biblioteca de Obras Raras e Documentos Patrimoniais do Livro

Esta edição foi impressa no sistema de Impressão pequenas tiragens, em formato fechado de 140x210 mm e com mancha de 104x170 mm. Os papéis utilizados foram o Off white 80 g/m² para o miolo e o Cartão 250 g/m² para a capa. O texto principal foi composto em fonte Adobe Garamond Pro 12/15 e os títulos em Zapfino 29/40. Impresso no Brasil. *Presita en Brazilo.*